LA VIE ET LE MARTYRE

DU BIENHEUREUX

.-GABRIEL PERBOYRE

PRÊTRE

DE LA CONGRÉGATION DE LA MISSION

DITE DES LAZARISTES

Fondée par saint Vincent de Paul

PAR

UN PRÊTRE DE LA MÊME CONGRÉGATION

NOUVELLE ÉDITION

AUGMENTÉE DE QUELQUES PRIÈRES EN L'HONNEUR DU BIENHEUREUX

PARIS

GAUME ET Cie, LIBRAIRES-ÉDITEURS

3, RUE DE L'ABBAYE, 3

1890

LA VIE ET LE MARTYRE

DU BIENHEUREUX

JEAN-GABRIEL PERBOYRE

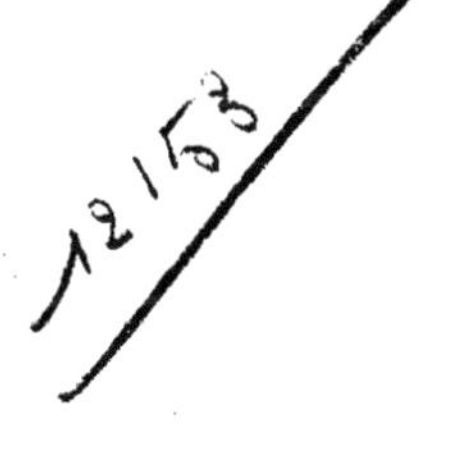

LE BIENHEUREUX JEAN-GABRIEL PERBOYRE

Prêtre de la Congrégation de la Mission,

honoré du martyre, sur la terre de Chine, le 11 septembre 1840

LA VIE ET LE MARTYRE

DU BIENHEUREUX

J.-GABRIEL PERBOYRE

PRÊTRE

DE LA CONGRÉGATION DE LA MISSION

DITE DES LAZARISTES

Fondée par saint Vincent de Paul

PAR

UN PRÊTRE DE LA MÊME CONGRÉGATION

NOUVELLE ÉDITION

AUGMENTÉE DE QUELQUES PRIÈRES EN L'HONNEUR DU BIENHEUREUX

PARIS

GAUME ET Cie, LIBRAIRES-ÉDITEURS

3, RUE DE L'ABBAYE, 3

1890

AUTORISATIONS

AUTORISATION

DONNÉE POUR LA PREMIÈRE ÉDITION

Lettre de M. Fiat, Supérieur général des Prêtres de la Mission, à l'auteur de la Vie abrégée du Vénérable Perboyre.

Monsieur et très cher confrère,

La grâce de N.-S. soit avec vous pour jamais !

Vu le rapport favorable de deux théologiens chargés d'examiner la *Vie abrégée du vénérable serviteur de Dieu Jean-Gabriel Perboyre*, que vous avez composée, je l'approuve et vous autorise à la publier. Puisse-t-elle, en se répandant dans tous les rangs de la société, contribuer à la gloire de Notre-Seigneur et à l'édification du prochain, surtout de ceux qui sont appelés à porter dans les pays infidèles la lumière de l'Évangile !

Je suis affectueusement, en l'amour de Notre-Seigneur et de son Immaculée Mère,

Monsieur et très cher confrère,

Votre tout dévoué serviteur,

A. FIAT, Sup. gén.

Imprimatur. Parisiis, die XXIV junii 1885.

E. PETIT,

Vic. gen. Archiepiscopi Parisiensis.

AUTORISATION

DONNÉE POUR LA DEUXIÈME ÉDITION

Lettre du Supérieur général de la Congrégation de la Mission à l'auteur de la Vie et le Martyre du Bienheureux Jean-Gabriel Perboyre.

Monsieur et très cher confrère,

La grâce de N.-S. soit avec vous pour jamais!

Je suis d'avis que vous rééditiez la *Vie* de notre Bienheureux, et cela sans retard....... Je vous bénis affectueusement en Notre-Seigneur, en qui je suis,

Monsieur et très cher confrère,

Votre très humble et dévoué serviteur,

A. FIAT, Sup. gén.

Paris, le 11 février 1890.

DÉCLARATION DE L'AUTEUR

Conformément aux prescriptions de notre sainte Mère l'Église catholique, l'auteur de *la Vie et le Martyre du Bienheureux Jean-Gabriel Perboyre* déclare la soumettre entièrement et sans réserve au jugement du Saint-Siège.

Que si parfois il y donne au bienheureux Jean-Gabriel Perboyre, ou à quelque autre personnage, des titres que l'Église n'aurait pas encore autorisés, il proteste n'avoir nullement en cela l'intention de prévenir le jugement du Siège apostolique.

Dans le récit qu'il fait de certaines guérisons ou conversions extraordinaires, alors même qu'il se sert, pour les qualifier, du mot de *miracle,* il n'a nullement l'intention de décider de son propre chef le caractère surnaturel de ces faits et il n'attribue à ses affirmations d'autre valeur que celle d'un témoignage purement historique.

AVERTISSEMENT

Le travail que nous publions aujourd'hui sous le titre nouveau de *la Vie et le Martyre du Bienheureux Jean-Gabriel Perboyre*, est en réalité une édition nouvelle de la *Vie abrégée du Vénérable Jean-Gabriel Perboyre*, imprimée en 1885, et dont nous avons cru devoir changer le titre pour le rendre plus conforme à la vérité.

Ce travail en effet n'est pas, comme pouvait le faire croire le titre de *Vie abrégée*, l'abrégé d'un ouvrage plus considérable déjà composé sur le même plan. C'était plutôt, dans la pensée de l'auteur, l'ébauche d'une vie plus développée qu'il se proposait de publier plus tard, et dont ce premier jet aurait été en effet le véritable abrégé.

L'auteur ne renonce pas à ce projet. Il l'aurait même exécuté déjà, si le loisir lui en eût été laissé. Pressé aujourd'hui de faire réimprimer la *Vie abrégée* épuisée depuis plusieurs mois, il doit se contenter, pour le moment, d'y apporter les modifications rendues nécessaires par la béatification du vénérable serviteur de Dieu, survenue depuis l'apparition du premier travail.

Mais, afin d'éviter désormais tout malentendu, et pour préparer l'exécution du projet qui nous est si cher, nous donnons dès à présent à ce travail le titre que portera plus tard l'ouvrage que nous méditons, et qui sera le développement de celui-ci.

Daigne le Seigneur agréer notre désir de faire connaître, aimer, invoquer et imiter le bienheureux martyr Jean-Gabriel Perboyre, bénir ce petit livre et lui faire produire des fruits de salut !

Paris, le 25 mars 1890,
en la fête de l'Annonciation de Notre-Dame.

VIE ET MARTYRE

DU BIENHEUREUX

JEAN-GABRIEL PERBOYRE

CHAPITRE PREMIER

NAISSANCE DE M. PERBOYRE. — SES PREMIÈRES ANNÉES JUSQU'A SON ENTRÉE DANS LA CONGRÉGATION DE LA MISSION (1802-1818)

1. Sa naissance, ses parents, ses premières années. — 2. École, catéchisme et première communion. — 3. Sa persévérance dans le bien. — 4. Apostolat qu'il exerce autour de lui. — 5. Il accompagne son frère Louis au petit séminaire de Montauban. — 6. On veut l'y retenir. — 7. Sa vocation se décide, et il demeure. — 8. Son application à l'étude. — 9. Sa conduite exemplaire. — 10. Il fait sa philosophie et est chargé de remplacer un professeur.

1. Le 6 janvier 1802, naquit au Puech, petit hameau de la paroisse de Montgesty, dans le diocèse de Cahors, un enfant qui reçut le lendemain, sur les fonts du baptême, les noms de Jean-Gabriel, et qui, par le doux éclat de ses vertus et le triomphe d'une mort glorieusement soufferte pour le nom chrétien, devait faire honneur à l'Église et à la famille de saint Vincent de Paul.

Ses parents, Pierre Perboyre et Marie Rigal, médiocrement pourvus des biens de ce monde, l'étaient abondamment de ceux de la grâce. Une foi simple et forte comme celle des premiers âges, des mœurs vraiment patriarcales et conservées pures par la pratique exacte de tous les devoirs de la vie chrétienne, telle était la portion la plus précieuse de leur héritage, celle qu'ils cultivaient avec le plus de soin. Aussi Dieu bénit leur union en faisant naître de leur mariage huit enfants, quatre garçons et quatre filles, qui tous se montrèrent dignes de parents si chrétiens. L'une des filles mourut au moment d'entrer en communauté, et deux autres sont filles de la Charité. Quant aux garçons, trois sont entrés dans la Congrégation de la Mission : Jean-Gabriel, notre vénérable martyr; Louis, qui mourut sur mer en se rendant en Chine, et Jacques, qui a survécu à ses deux frères missionnaires et se trouve à Paris.

Les premières années de Jean-Gabriel ne présentèrent point ce caractère de légèreté qui est le partage ordinaire de l'enfance. Son langage, son maintien, sa démarche, tout respirait en lui une gravité au-dessus de son âge; et cette maturité précoce, qui inspirait aux siens une sorte de vénération, avait pour principe une piété vraiment étonnante dans un enfant de cinq ans. Il témoignait beaucoup de goût pour les choses saintes; et l'amour divin, dont son jeune cœur était rempli, se traduisait visiblement dans la manière dont il prononçait les saints noms de Jésus et de Marie, dans l'attitude religieuse qu'il gardait à l'église ou qui accompagnait à la maison la récitation de ses prières.

D'une modestie rare, il avait une horreur instinctive pour tout ce qui aurait pu blesser le moins du monde les délicatesses de cette vertu : à ce point qu'il ne se prêtait volontiers à aucune familiarité ni démonstration affectueuse, et qu'il souffrait même avec peine les caresses de sa mère. Aussi, son cœur pur était-il doué d'une exquise sensibilité, qui le faisait compatir aux souffrances du prochain : il avait un grand amour pour les pauvres, se faisait souvent leur avocat, et s'estimait heureux de pouvoir leur donner quelque aumône.

Toutefois il ne se le permettait que lorsqu'il en avait obtenu l'autorisation de ses parents; tant, à l'exemple du divin Enfant Jésus, *il leur était soumis*. Cette docilité, non seulement à leurs ordres, mais même à leurs désirs, ne s'est point démentie, et jamais on n'a pu lui reprocher la moindre désobéissance. Aussi mérita-t-il de bonne heure toute leur confiance, et, dès l'âge de six ans, il reçut la mission de veiller à la garde d'un petit troupeau; emploi dont il s'acquitta à la satisfaction de tous, et sans donner jamais aucune marque d'humeur ni d'impatience, malgré les intempéries des saisons et les caprices des animaux qu'il avait à conduire.

2. Lorsqu'à l'âge de huit ans il fut envoyé à l'école, son maître remarqua en lui des dispositions plus qu'ordinaires, qui, jointes à sa vertu, lui concilièrent l'estime et le respect de tous ses condisciples. Jamais on ne le vit se familiariser avec aucun d'entre eux; et bien qu'il vécût avec tous en bonne intelligence, il se plaisait davantage avec ceux qui montraient plus de goût pour la piété.

Au catéchisme, il ne montra ni moins d'aptitude ni moins d'application, et M. le curé, frappé de voir en cet enfant une instruction si solide unie à une si tendre piété, ne craignit pas de déroger à l'usage établi dans la paroisse, en l'admettant plus tôt que les autres, et dès sa onzième année, à faire sa première communion. Personne n'eut l'idée de blâmer une exception motivée par de si rares qualités, et chacun se réjouit de voir approcher de la table des anges celui que la voix commune appelait déjà *le petit saint*.

3. La ferveur qu'il apporta à cet acte si important de la vie chrétienne ne fut point passagère, et l'on vit dès lors Jean-Gabriel devenir, par son assistance régulière à tous les offices de l'église et par la fréquentation des sacrements, le modèle de toute la paroisse. Le temps qu'il pouvait dérober à l'accomplissement de ses devoirs d'état était consacré à de pieuses lectures faites la plupart du temps dans la *Vie des Saints*, et spécialement dans celle de saint Vincent de Paul, qu'il aimait beaucoup; et, les jours de dimanche et de fête, il ne quittait guère le saint lieu, dont il semblait avoir fait sa demeure.

4. La divine charité dont son cœur était rempli, rayonnant autour de lui, faisait sentir sa douce et salutaire influence. Animé d'un zèle ardent mais sage et éclairé, il exerçait un véritable apostolat, non seulement au sein de la famille, auprès de ses frères et de ses sœurs, qu'il instruisait, reprenait ou encourageait pour les éloigner du mal et les porter au bien, mais encore auprès des ouvriers avec lesquels il travaillait dans les champs, et dont il parvint à rendre les discours plus convenables et plus réservés.

Un si rare ensemble de qualités ne pouvait que faire présager un heureux avenir, et l'on était porté à se demander comme autrefois au sujet de saint Jean-Baptiste : « Que sera un jour cet enfant? » *Quis, putas, puer iste erit?* (Luc, I, 66.) Nous allons voir quelle réponse devait faire à cette question la divine Providence.

5. L'un des plus jeunes frères de Jean-Gabriel, nommé Louis, était aussi doué des plus heureuses dispositions. Sa tendre piété et le désir qu'il témoignait d'embrasser l'état ecclésiastique déterminèrent ses parents à l'envoyer à Montauban auprès de son oncle, M. Jacques Perboyre, prêtre de la Congrégation de la Mission et supérieur du petit séminaire. Mais, comme cet enfant était fort timide et d'une santé assez délicate, Jean-Gabriel demanda à l'accompagner et à demeurer deux mois avec lui pour l'aider à s'accoutumer à ce nouveau genre de vie.

Les deux frères quittèrent donc ensemble et pour la première fois le toit paternel. Ce fut sans doute une grande peine pour cette famille dont tous les membres étaient si unis, et bien des larmes coulèrent; mais la pensée que Jean-Gabriel ne tarderait pas à revenir tempérait un peu l'amertume de la séparation.

Cette espérance cependant ne devait pas être réalisée, car Dieu avait sur cet enfant de quinze ans d'autres desseins, qui allaient bientôt se manifester.

Jean-Gabriel ne songea d'abord qu'à profiter du temps qu'il devait passer auprès de son frère, pour acquérir quelques connaissances utiles, étudier la grammaire française, l'arithmétique et un peu de géométrie.

6. Mais bientôt, les professeurs de la maison, frappés de sa piété, de ses qualités aimables et de sa facilité pour l'étude, et voyant en lui des marques non équivoques de vocation à l'état ecclésiastique, pressèrent vivement le Supérieur de le garder auprès de lui et de lui faire commencer ses études latines. M. Jacques Perboyre ne se rendit pas aussitôt à leurs instances, qui répondaient cependant à son désir secret : « Il faut bien, disait-il avec simplicité, laisser quelqu'un à ses parents pour les aider à cultiver leurs vignes. »

7. Sur ces entrefaites, le père étant venu chercher son fils, les professeurs l'engagèrent fortement à le laisser étudier, lui représentant qu'il serait fâcheux de condamner aux travaux des champs un jeune homme devant qui semblait s'ouvrir un avenir si plein d'espérances. Le père, avant d'y consentir, voulut savoir ce qu'en pensait Jean-Gabriel, et quel était sur ce point son désir. Mais celui-ci, comprenant toute l'importance de la question qui lui était posée, demanda quelque temps pour examiner devant Dieu quel parti il devait prendre; et, le 16 juin 1817, il écrivait à son père : « Mon cher père, après votre départ de cette ville, j'ai réfléchi sur la proposition que vous m'aviez faite d'étudier le latin. J'ai consulté Dieu sur l'état que je devais embrasser pour aller plus sûrement au ciel. Après bien des prières, j'ai cru que le Seigneur voulait que j'entrasse dans l'état ecclésiastique. En conséquence, j'ai commencé à étudier le latin... Je connais

le besoin que vous avez des petits secours que je pourrais vous donner ; mon seul regret est de ne pouvoir vous soulager dans vos grandes occupations ; mais enfin, si le bon Dieu m'appelle à l'état ecclésiastique, je ne puis pas prendre d'autre chemin pour arriver à l'éternité bienheureuse. » Cette lettre empreinte de sentiments si chrétiens mit fin aux hésitations du père, qui répondit aussitôt être prêt, non seulement à ne point mettre obstacle à cette vocation, mais encore à faire tous les sacrifices nécessaires et possibles pour la favoriser.

8. Heureux de pouvoir ainsi répondre à l'appel du Seigneur, Jean-Gabriel s'appliqua avec ardeur à ses nouvelles études, et, malgré son âge relativement avancé (il avait plus de quinze ans), il y fit bientôt de rapides progrès. Six mois après avoir commencé le latin, il put entrer dans la classe de cinquième, dont aussitôt il tint la tête. A Pâques, on le fit monter en quatrième, et comme il avait encore les premières places, à la rentrée suivante, il passa en seconde, puis en rhétorique, où il obtint les mêmes succès.

9. Il ne se faisait pas moins remarquer par sa conduite irréprochable, sa régularité toujours exemplaire, sa vraie et solide piété. Déjà se montraient en lui, dans un degré peu commun, ces vertus d'humilité, de charité, de douceur, de modestie, de zèle et de mortification qui, plus tard, devaient tant édifier ceux qui étaient destinés à en être les heureux témoins. Aussi devint-il bientôt pour ses condisciples l'objet d'une sorte de vénération, en même temps qu'il possédait

l'estime et l'affection de ses maîtres. Loin cependant de se prévaloir le moins du monde de ces avantages, il se regardait sincèrement comme le dernier de tous, ne cherchant qu'à s'effacer et à mettre en pratique la maxime de l'*Imitation*, si chère aux âmes humbles : « Aimez à passer inaperçu, à être réputé pour rien. » *Ama nesciri et pro nihilo reputari.* Il ne se servait de l'influence que lui donnait sa vertu que pour porter les autres au bien, et pour vaquer plus librement à la prière, à de pieuses lectures, et même à la méditation dont il rendait compte, quand il en était requis, avec une charmante simplicité.

10. L'étude de la philosophie, à laquelle il fut appliqué après sa rhétorique, révéla en lui de nouvelles et précieuses qualités : un jugement très droit joint à une grande facilité de conception, et un esprit porté à la métaphysique, qui lui permettait d'approfondir avec une rare pénétration les questions les plus abstraites.

Cette maturité précoce unie à tant de vertu détermina son oncle à le charger, bien qu'il n'eût pas encore terminé ses études, de remplacer dans la maison un professeur qui venait de partir, étant persuadé que le jeune philosophe ne resterait point au-dessous de sa tâche. Son attente ne fut point trompée, et le nouveau régent sut tellement se concilier l'estime et l'affection de ses élèves que ceux ci, trente ans après, ne parlaient de lui qu'avec des larmes d'attendrissement.

Cependant la divine Providence le préparait insensiblement à une vie plus parfaite, et la Congrégation de la Mission ne devait pas tarder à lui ouvrir ses portes.

CHAPITRE II

SON NOVICIAT, SES VŒUX, SES ÉTUDES THÉOLOGIQUES
(1818-1823)

1. Premiers indices de vocation pour la Congrégation de la Mission. — 2. Il consulte Dieu dans la prière. — 3. Il est admis dans la Congrégation. — 4. Ses vertus durant son noviciat. — 5. Ses saints vœux. — 6. Son départ pour Paris ; acte admirable de détachement. — 7. Regrets qu'il laisse à Montauban. — 8. Heureuse impression qu'il produit à la Maison-Mère. — 9. Son application aux études théologiques. — 10. Ses progrès dans la perfection.

1. Nous avons déjà signalé, dans l'enfance de Jean-Gabriel, son amour pour les pauvres et la consolation qu'il éprouvait à leur venir en aide. Ce sentiment ne fit que grandir en lui durant son séjour au petit séminaire, et souvent on le surprit se privant de son déjeuner ou de son goûter pour le porter aux mendiants qui se trouvaient à la porte de la maison.

Nous l'avons vu aussi, parmi les *Vies de saints*, dont il faisait sa lecture habituelle, avoir une préférence pour celle de saint Vincent de Paul.

Enfin, malgré le voile d'humilité sous lequel il s'efforçait de demeurer caché, on put souvent deviner le zèle ardent dont son cœur était embrasé pour le salut des âmes, particulièrement de celles qui sont encore assises dans les ténèbres et à l'ombre de la mort. Une fois même, à la fin de sa rhétorique, dans une composition littéraire qu'il lut à l'occasion de la distribution des prix, on remarqua cette phrase dans laquelle se trahissaient les secrets désirs de son cœur : « Ah! qu'elle est belle cette croix plantée au milieu des terres infidèles et souvent arrosée du sang des apôtres de Jésus-Christ ! »

Aussi personne ne fut étonné lorsqu'il manifesta son désir d'entrer dans la Congrégation de la Mission, fondée par saint Vincent de Paul, spécialement dévouée au salut des pauvres, et qui compte un grand nombre de ses membres occupés à évangéliser les nations infidèles.

Déjà, à la suite d'un sermon de mission qu'il avait entendu en 1817, il s'était écrié : « Je veux être missionnaire ! » Mais on n'avait attaché aucune importance à cette déclaration, et l'on n'y voyait que l'émotion passagère d'une jeune imagination sous l'impression d'une parole ardente et convaincue. La suite fit voir que c'était l'expression d'un attrait sérieux et réfléchi, dont Dieu lui-même était l'auteur.

2. Se sentant en effet pressé intérieurement et de plus en plus du désir d'entrer dans la Congrégation de la Mission et d'aller prêcher la foi aux infidèles de l'empire chinois, Jean-Gabriel voulut consulter Dieu dans la prière. A cet effet il commença en l'honneur de saint François Xavier, le grand apôtre des Indes, une neuvaine qui ne fit que le confirmer dans son dessein. Il s'en ouvrit alors à son oncle, M. Jacques Perboyre, qui d'abord n'attacha pas grande importance à sa demande, mais qui bientôt, convaincu à son tour que Dieu l'appelait réellement dans la famille de saint

Vincent de Paul, sollicita auprès des supérieurs et obtint son admission dans la Congrégation.

3. Ce fut au mois de décembre 1818 que Jean-Gabriel revêtit les pauvres et saintes livrées du missionnaire. La Congrégation de la Mission, si cruellement éprouvée en France par la tempête révolutionnaire, n'avait pas encore pu reconstituer sa Maison-Mère à Paris d'une manière régulière, ni rétablir son noviciat. Il fallut donc autoriser Jean-Gabriel à passer à Montauban, auprès de son oncle, les deux années qui précèdent les saints vœux, pour s'y adonner le mieux possible aux exercices en usage dans la Congrégation pendant ce temps d'épreuve.

N'ayant qu'un seul compagnon de noviciat, et obligé à la fois de terminer ses études de philosophie et de remplir les fonctions de professeur qui lui étaient confiées dans la maison, le jeune novice se trouvait dans des conditions bien peu favorables à la formation religieuse. Mais Dieu, qui avait mis son serviteur dans cette situation difficile, se chargea lui-même de le former, et l'action de la grâce dans cette âme docile produisit de si heureux effets, que Jean-Gabriel peut servir de modèle aux plus pieux et aux plus fervents novices.

4. Les vertus qu'alors il pratiqua ne le cèdent en rien à celles de saint Jean Berckmans, de saint Louis de Gonzague, de saint Stanislas Kostka, et de tant d'autres saints que l'Église honore et propose à l'imitation de la jeunesse religieuse. Les bornes étroites de ce travail ne permettant pas d'en faire connaître

l'édifiant détail, il faudra se borner à citer le témoignage de son compagnon de noviciat, esprit fin et observateur, à qui n'échappait jamais aucun travers ni aucun ridicule : « Pendant tout le temps que j'ai vécu avec lui, dit-il, il a été constamment l'objet de mon étonnement et de mon admiration. J'avais beau le considérer, l'épier même, je ne pouvais parvenir à trouver en lui quelque chose de répréhensible. J'étais en quelque sorte dépité de le voir si parfait. Je vous dirai même que j'ai cherché plusieurs fois à le mettre à l'épreuve, mais partout je le trouvai invulnérable ; et je ne crois pas qu'il soit possible à un novice de porter plus loin la perfection. »

5. Aussi, quand le moment si désiré de faire les saints vœux arriva, il pouvait s'écrier avec le Psalmiste : *Paratum cor meum, Deus, paratum cor meum :* « Mon cœur est prêt, Seigneur, mon cœur est prêt. » (Ps. CVII, 2.) Oui, son cœur, déjà si parfaitement détaché des créatures et de lui-même, était prêt pour cette immolation totale que consomment les vœux de pauvreté, de chasteté et d'obéissance, et brûlait du désir de consacrer sa vie tout entière au salut des pauvres, par le quatrième vœu auquel saint Vincent de Paul a voulu soumettre ses enfants.

Ce fut le 28 décembre 1820 qu'il eut le bonheur d'offrir à Dieu cet holocauste, de contracter avec Jésus, l'époux de son âme, cette divine alliance qu'il devait plus tard sceller de son propre sang, comme les saints Innocents dont en ce jour on célébrait la fête. Cette date dès lors prit rang parmi celles qui lui furent toujours le plus chères, en lui rappelant les plus heureux souvenirs.

6. Ainsi engagé définitivement dans la Congrégation de la Mission, M. Perboyre[1] fut appelé à Paris pour y commencer ses études théologiques, et son départ fut marqué par un acte de détachement dont rarement est capable un jeune homme de dix-neuf ans. Son oncle, connaissant toute l'affection qu'il avait pour ses parents, lui proposa de les aller visiter avant de partir ; la chose était d'autant plus facile que, pour aller à Paris, il devait passer par Cahors, distant du Puech seulement de trois ou quatre heures. Mais ce digne enfant de saint Vincent répondit : « Notre bienheureux Père ne s'est rendu qu'une seule fois chez ses parents, et il s'en est repenti ; si vous voulez me le permettre, j'offrirai à Dieu ce sacrifice. »

Cette permission, on n'eut pas le courage de la lui refuser. Mais ses parents, qui ne l'avaient pas vu depuis longtemps, et qui ne se sentaient pas une générosité aussi héroïque, se rendirent à Cahors pour le voir et le presser encore une fois dans leurs bras. Comme ils faisaient des instances pour obtenir de lui qu'il passât quelques jours au sein de la famille, et que, pour l'y déterminer plus facilement, ils lui montraient la route qui conduit au Puech : « Ce n'est pas le chemin du ciel, répondit-il ; pour aller au ciel, il faut faire des

1. Bien que les membres de la Congrégation de la Mission aient tous les avantages et toutes les obligations de la vie religieuse, pour se conformer cependant au désir de leur bienheureux Père et Fondateur, saint Vincent de Paul, ils ne veulent pas être considérés comme religieux et ne prennent point le titre de Pères.

sacrifices. » Et s'arrachant à leurs baisers et à leurs larmes, il partit. Quel beau spectacle que ce jeune homme quittant si généreusement ce qu'il avait de plus cher ici-bas pour aller où Dieu l'appelait!

7. Le vide qu'il laissait à Montauban était grand : maîtres et élèves, tous le regrettaient comme un frère, un parent ou un ami, ou plutôt on pleurait son départ comme celui d'un ange ou d'un saint, dont la vue édifiait tout le monde, dont la présence attirait sur la maison toutes sortes de bénédictions.

8. Le trésor que perdait Montauban fut vite apprécié de ceux qui le reçurent à Paris ; à peine M. Perboyre eut-il habité quelques jours la Maison-Mère, qu'elle fut remplie du parfum de ses vertus : tous étaient charmés de son angélique modestie.

9. On ne le fut pas moins de l'ardeur et du succès avec lesquels il s'appliqua à l'étude des sciences ecclésiastiques. Ne pouvant se contenter de notions superficielles, il approfondissait les matières qu'il avait à étudier et s'en pénétrait, de façon à pouvoir en rendre compte avec une clarté et une précision vraiment étonnantes. C'est dans les écrits de saint Thomas d'Aquin qu'il aimait à puiser comme à sa source la science sacrée; la *Somme théologique* était son livre favori, et la doctrine dont elle est remplie ne tarda pas à lui devenir familière.

Le Docteur angélique n'était pas seulement son maître, il était encore son modèle. A son exemple, il avait en horreur la vaine gloire et l'esprit de dispute. Son unique but en étudiant était de plaire à Dieu, de procurer sa gloire et d'être plus tard utile au prochain. Comme lui aussi, il savait joindre la prière à l'étude et chercher au pied de son crucifix cette lumière divine et cette onction céleste qui ne se trouvent point dans les livres.

Il évitait ainsi un écueil que rencontrent souvent les jeunes étudiants, et qui leur fait perdre, durant le cours de leurs études, une partie de la ferveur qu'ils avaient acquise pendant leur noviciat. Une application à l'étude trop exclusive et pas assez réglée dissipe l'esprit, dessèche le cœur et affaiblit la piété.

10. M. Perboyre sut au contraire profiter de ce temps pour faire de nouveaux progrès dans la perfection, et un pieux missionnaire qui l'avait eu pour condisciple a pu lui rendre le témoignage suivant : « J'ai toujours trouvé en lui à cette époque un modèle parfait de toutes les vertus. On respirait autour de lui un parfum de sainteté, qui édifiait et excitait à devenir meilleur. Je n'ai jamais remarqué en lui la moindre faute : il s'accusait bien quelquefois de manquer à la douceur, mais je n'ai jamais pu connaître en quoi il y manquait. On pourra dire sur son compte tout le bien que l'on voudra, je ne crois pas qu'il soit possible d'exagérer. Il n'y avait en lui rien d'extraordinaire, mais il n'y paraissait rien de défectueux ; et plus on le considérait, plus on l'étudiait, plus aussi on était étonné de le trouver parfait en tout et partout. »

CHAPITRE III

SES PREMIERS EMPLOIS A MONTDIDIER ET A SAINT-FLOUR

(1823-1832)

1. Sa première année à Montdidier. — 2. Il professe la philosophie. — 3. Son amour pour les pauvres. — 4. Il est rappelé à Paris pour être ordonné prêtre. — 5. Il va enseigner la théologie au grand séminaire de Saint-Flour. — 6. Qualités de son enseignement. — 7. Comment il formait ses élèves à la vertu. — 8. Admiration qu'il inspirait à ses confrères. — 9. Il est nommé Supérieur de la pension ecclésiastique de Saint-Flour. — 10. Difficultés qu'il y rencontre. — 11. Ce qu'il fait pour les vaincre. — 12. Succès qu'il obtient. — 13. Ses aptitudes pour l'éducation de la jeunesse. — 14. Moyens dont il se sert pour y réussir. — 15. Son rappel à Paris ; regrets qu'il laisse à Saint-Flour. — 16. Mort de son frère Louis ; voyage dans sa famille.

1. Le cours de ses études théologiques terminé, en 1823, M. Perboyre, à peine âgé de vingt et un ans, fut ordonné sous-diacre et envoyé au collège de Montdidier, où il demeura deux ans. La première année, il fut chargé de faire la classe aux plus jeunes élèves, dont il eut vite gagné les cœurs par sa bonté, sa douceur, sa piété simple et communicative. Il profita de ces bonnes dispositions pour établir parmi eux une pieuse association, qu'il mit sous l'invocation des saints Anges, et qui produisit les plus heureux résultats.

2. L'année suivante, on lui confia des fonctions bien différentes, mais dont il ne s'acquitta pas avec moins de succès. Il fut chargé de la classe de philosophie, qu'il

sut rendre aussi utile qu'intéressante, tirant un excellent parti, et des talents qu'il avait reçus, et de la science qu'il avait acquise par de solides études.

3. Le soin qu'il apportait à la préparation de ses classes et à l'accomplissement exact de ses autres devoirs de professeur ne l'empêcha pas de trouver assez de temps pour s'occuper au dehors des pauvres de la ville et des prisonniers. Son amour pour ces membres souffrants de Jésus-Christ le rendait ingénieux à leur procurer des secours, qu'il était heureux d'aller lui-même leur distribuer. Souvent, dans ces courses charitables, il se faisait accompagner de quelques-uns de ses élèves, qu'il aimait ainsi à initier à la pratique de ces œuvres de miséricorde, et qui se disputaient le bonheur de faire, sous un tel maître, l'apprentissage de la charité chrétienne.

4. Cependant, M. Perboyre était dans sa vingt-quatrième année, et ses supérieurs jugèrent à propos de le rappeler à Paris pour lui faire recevoir la prêtrise. Cette nouvelle le remplit à la fois de joie et de crainte. D'une part, en effet, il se réjouissait à la pensée de monter chaque jour à l'autel pour y offrir la victime sainte et se nourrir du pain des anges; mais, de l'autre, sachant toute la sainteté qu'exige un si auguste ministère, et s'en estimant tout à fait indigne, il craignait de n'apporter à l'ordination que des dispositions insuffisantes. Ces humbles sentiments ne firent que mieux préparer son âme aux grâces du sacerdoce, qu'il reçut le 23 septembre 1825, dans la chapelle de la Maison-Mère des Filles de la Charité. Coïncidence

digne de remarque : c'était à pareille date que saint Vincent de Paul, en 1600, avait, lui aussi, été ordonné prêtre, à Château-l'Évêque, par Mgr l'évêque de Périgueux. Dieu seul et ses saints anges, qui en furent témoins, pourraient nous dire la perfection des dispositions intérieures du jeune ordinand et la ferveur du nouveau prêtre à sa première messe, qu'il célébra le lendemain de son ordination. Mais ce que l'on peut affirmer, c'est qu'à partir de ce moment on le vit travailler avec plus d'ardeur encore à sa perfection, se dépouiller de plus en plus du vieil homme pour revêtir l'homme nouveau, et réaliser en lui, de son mieux, Jésus-Christ, l'idéal du prêtre : *sacerdos alter Christus*.

5. Cet esprit sacerdotal dont il tâchait de se remplir, M. Perboyre fut appelé dès lors à le communiquer à d'autres en travaillant à la formation du clergé. Nommé directeur et professeur de théologie dogmatique au grand séminaire de Saint-Flour, malgré sa jeunesse, il ne demeura point au-dessous de sa tâche.

6. Ses enseignements furent d'autant mieux goûtés et d'autant plus fructueux, qu'il prêchait surtout d'exemple, et qu'on voyait en lui un modèle plus accompli de la science et des vertus ecclésiastiques. Son esprit élevé aimait à planer dans les hauteurs du dogme catholique, et il l'exposait avec une clarté remarquable et une rare précision. Il savait même répandre sur les questions les plus abstraites un charme et un intérêt qui les dépouillaient, aux yeux de ses auditeurs, de ce qu'elles ont ordinairement d'aride et de rebutant. Il excellait surtout à rendre

son cours vraiment pratique, en trouvant toujours dans les matières qu'il enseignait un nouvel aliment pour sa piété et celle de ses élèves.

7. Ceux-ci pouvaient donc, en se livrant à l'étude de la théologie, faire aussi des progrès dans la science des saints. Mais c'était surtout ceux qui l'avaient choisi pour guide de leur conscience (et ils étaient nombreux) qui étaient plus particulièrement l'objet de son zèle sacerdotal. Le dévouement affectueux et tout surnaturel qu'il leur témoignait, la douce fermeté avec laquelle il les conduisait dans le chemin de la vertu, en un mot, la direction sage, éclairée et toute paternelle qu'ils trouvaient auprès de lui le leur faisait chérir et vénérer comme un ange descendu du ciel. C'est qu'il y avait, en effet, dans ce digne serviteur de Dieu, quelque chose de vraiment angélique, comme une auréole de sainteté, qui paraissait surtout quand il célébrait les saints mystères; et l'on ne pouvait s'empêcher de dire, en le voyant à l'autel, ce que l'on disait de saint Vincent de Paul : « Oh! que voilà un prêtre qui dit bien la messe! »

8. L'admiration qu'il inspirait aux séminaristes était partagée par ses confrères, témoins journaliers de ses vertus; et l'un deux, un jour, s'écria : « Voyez-vous, M. Perboyre, c'est un saint, et un saint privilégié, qui doit avoir conservé l'innocence de son baptême. » Aussi fut-il bien regretté de tous, directeurs et élèves, lorsque, à la fin de l'année scolaire, l'obéissance l'enleva à leur affection pour l'appeler à exercer son zèle sur un nouveau théâtre.

9. Il y avait alors à Saint-Flour une pension ecclésiastique, fondée seulement depuis quelques années, qui devait plus tard devenir le petit séminaire actuel, mais qui ne s'était soutenue jusque-là que fort péniblement. Son développement était gêné par des obstacles et des difficultés de tout genre, et son existence même commençait à être sérieusement menacée. Après plusieurs essais infructueux successivement tentés pour sauver cette situation compromise, on jeta les yeux sur le jeune professeur du grand séminaire, et l'on résolut de le mettre, malgré sa jeunesse, à la tête de cet établissement. La divine Providence présida visiblement à ce choix, comme la suite devait le montrer.

10. Ce fut vers la fin de 1827 que M. Perboyre prit possession de sa nouvelle charge. Tout était de nature à décourager un homme moins accoutumé que lui à compter sur le secours de Dieu : au dedans, avec une maison dépourvue de ressources, des élèves peu habitués à la discipline ; au dehors, des inimitiés ou des préventions ; et, parmi les personnes même les plus sympathiques à la maison, des appréhensions que semblait justifier la jeunesse du nouveau supérieur, âgé seulement de vingt-cinq ans. Mais sachant, suivant la parole de saint Vincent, que « la Providence ne nous abandonne jamais dans les œuvres que nous n'entreprenons que par ses ordres », M. Perboyre ne se laissa point effrayer par tant de difficultés. Elles ne firent même qu'augmenter sa confiance, car plus il voyait de disproportion entre la grandeur de l'entreprise et les moyens humains dont il disposait, plus il croyait pou-

voir compter sur Celui qui aime à se servir des plus faibles instruments pour accomplir ses plus grandes œuvres.

11. Cette confiance n'était cependant point de la présomption, et M. Perboyre, tout en comptant pour le succès sur le secours de Dieu, ne se croyait pas dispensé de faire, de son côté, tout ce qui était en son pouvoir pour le procurer. Par une vigilance exacte, qu'il savait ne point rendre odieuse, il était au courant de tout ce qui se passait dans sa maison. Ce qu'il y avait de bien recevait toujours de lui de précieux encouragements; et quant au mal, il le combattait avec une sagesse et une prudence, une douceur et une fermeté qui n'amenaient aucun froissement, et auxquelles il était difficile de résister.

12. L'affection si paternelle qu'il témoignait à tous, maîtres et élèves, lui eut bientôt gagné tous les cœurs et rendu facile l'exercice de son autorité. Il en profita pour réformer doucement les abus et transformer peu à peu cet établissement, qui bientôt devint méconnaissable. L'opposition du dehors et celle du dedans furent désarmées par sa douceur et son humilité. Les parents oublièrent la jeunesse du supérieur, pour ne voir en lui qu'un saint prêtre, un maître habile et digne de toute leur confiance. Les élèves, qu'il avait trouvés sans discipline, devinrent bientôt souples et dociles. Leur nombre même s'accrut rapidement : ils n'étaient que trente à son arrivée, et la maison en compta plus de cent dès le commencement de l'année suivante. Le temporel, grâce à son administration sage et intelli-

gente, fut amélioré, et devint même prospère. Enfin, ses collaborateurs, placés à si bonne école, furent vite formés à l'art si difficile de l'éducation.

13. M. Perboyre avait en effet pour élever la jeunesse de rares aptitudes. Dans la manière dont il traitait chacun de ses élèves, il savait tenir compte des différences d'âge, de caractère et de tempérament. Il connaissait dans chaque cœur la fibre la plus sensible, celle qu'il fallait toucher pour arriver à un heureux résultat. Aussi lui suffisait-il souvent d'un mot, d'un geste, d'un regard pour obtenir ce qu'il désirait, briser un orgueil jusque-là indompté ou faire naître dans une conscience coupable des remords salutaires. Ainsi, pour n'en citer qu'un exemple, l'un des élèves de la maison était devenu si intraitable que ses professeurs, après avoir vainement essayé par toutes sortes de moyens de le ramener à de meilleurs sentiments, résolurent de solliciter son renvoi. Mais M. Perboyre, avant de se rendre à leur désir, voulut tenter lui-même un dernier essai. Il réussit si bien qu'en peu de temps il fit de cet enfant le modèle de la maison.

14. Il est vrai qu'il employait, pour arriver à de tels résultats, de ces moyens dont les saints seuls ont le secret. Un jour il fait appeler dans sa chambre un élève coupable; et après lui avoir inutilement parlé le langage de la douceur et d'une juste sévérité, tout d'un coup il lui dit, montrant son crucifix, et avec l'accent d'une peine indicible : « Que de tristes moments, mon ami, vous me faites passer aux pieds de Jésus en croix! » C'en est fait, le coupable ne peut tenir à un

pareil langage, il demande pardon et change de conduite. D'autres fois il tombait à genoux aux pieds de son crucifix et lui faisait amende honorable au nom du coupable qu'il voulait gagner, et celui-ci, entrant aussitôt dans des sentiments exprimés avec tant de conviction, s'en retournait les larmes aux yeux et le repentir dans le cœur.

Enfin, le premier et le dernier de ses moyens, celui qui accompagnait tous les autres, c'était la prière. Rendant compte un jour avec simplicité de la manière dont il faisait oraison : « Je commence, dit-il, par rendre hommage à Dieu; puis je réfléchis sur mes propres besoins, sur ceux des maîtres, des élèves et de tous ceux qui composent la maison; ensuite je supplie Notre-Seigneur d'accorder à chacun ce qu'il lui faut. » De telles prières ne pouvaient qu'attirer sur l'établissement les grâces les plus abondantes, et, pendant tout le temps que M. Perboyre y demeura, Dieu le bénit visiblement.

15. Mais ce temps fut de trop courte durée au gré de ceux qui avaient le bonheur de vivre en son aimable et sainte compagnie. Lorsque, au bout de cinq ans, ses supérieurs le rappelèrent à Paris, ce fut à Saint-Flour un deuil universel : parents et élèves, prêtres du dedans et du dehors, tout le monde le pleurait comme un père, un frère et un ami, et son éloge était sur toutes les lèvres. « S'il me fallait signaler les défauts que j'ai remarqués en lui, disait un de ses collaborateurs, j'avoue que je serais bien embarrassé, parce que je n'ai jamais découvert en lui l'ombre d'une

imperfection. » Et le Supérieur du grand séminaire, qu'il avait pris pour guide de sa conscience, homme fort habile à discerner le mérite, disait de lui : « M. Perboyre est l'homme le plus accompli que je connaisse. » Aussi Mgr l'évêque de Saint-Flour, qui aimait à s'aider de ses conseils, ne consentit qu'à grand'peine à le laisser partir. Quant à lui, n'ayant d'autre désir que de se conformer au bon plaisir divin, dont il voyait l'expression fidèle dans la volonté de ses supérieurs, il reçut avec une parfaite égalité d'âme la nouvelle de son changement. Il était du reste persuadé que tout autre que lui remplirait plus utilement une charge qu'il considérait comme au-dessus de ses forces. Même il avait écrit dans ce sens à ses supérieurs, en insistant particulièrement sur le mauvais état de sa santé, et ce fut sans doute ce dernier motif qui fit prendre en considération les humbles instances du jeune supérieur.

16. On était alors aux vacances de 1832, et M. Perboyre avait cru devoir aller passer quelques jours dans sa famille pour consoler ses parents d'une grande douleur. Son jeune frère Louis, qu'il aimait tant, et qui comme lui était entré dans la Congrégation de la Mission, venait de succomber en se rendant en Chine pour y prêcher l'Évangile aux infidèles : perte bien douloureuse qui brisa son cœur si aimant, mais n'abattit point son courage. Il sut même si bien dissimuler, aux yeux des siens, la grandeur de sa peine, qu'il les porta à se réjouir de cet événement comme d'une grande faveur, le jeune apôtre ayant eu, leur disait-il, le bonheur de

mourir de cette mort des saints qui est précieuse devant le Seigneur.

C'est au retour de ce voyage, inspiré et sanctifié par la charité, que M. Perboyre fut rappelé à la Maison-Mère, et, aussi prompt que simple dans son obéissance, il prit immédiatement le chemin de Paris.

CHAPITRE IV

M. PERBOYRE, A PARIS, EST APPLIQUÉ A LA DIRECTION DU SÉMINAIRE INTERNE. — SA VOCATION POUR LA CHINE (1832-1835)

1. Il est appliqué à la direction des novices. — 2. Succès avec lequel il s'acquitte de cet emploi. — 3. Témoignage que lui rend M. Joseph Girard. — 4. Il est ravi en extase. — 5. Son désir ardent d'aller en Chine. — 6. Sa santé ne permet pas qu'il soit réalisé. — 7. Il redouble ses prières. — 8. Il supplie son supérieur de l'y envoyer. — 9. Il finit par l'obtenir contre toute espérance. — 10. Ses adieux aux novices et à ses autres confrères.

1. Les précieuses aptitudes dont M. Perboyre avait fait preuve pour la formation de la jeunesse, ainsi que sa science et ses vertus peu ordinaires, suggérèrent aux supérieurs la pensée de l'employer à la direction des novices de la Maison-Mère.

Dès son arrivée à Paris, il fut donc chargé d'aider et même de suppléer, dans les fonctions que l'âge et les infirmités ne lui permettaient plus de remplir, le directeur du *Séminaire interne* (tel est le nom que saint Vincent a donné au *noviciat* de sa Congrégation).

2. Dans cette charge si importante et si honorable, l'humble sous-directeur ne vit qu'un nouveau motif de s'abaisser davantage à ses propres yeux, de se mieux pénétrer de son néant, et de solliciter avec plus de ferveur le secours de Dieu. Aussi la bénédiction qui l'avait accompagné dans ses précédents emplois fut-

elle également visible dans celui-ci ; il s'y appliqua avec un zèle aussi ardent que sage et éclairé, et ses efforts furent couronnés des plus heureux succès. Sous l'influence de ses exemples, autant et plus encore que de sa parole, si solide pourtant et si persuasive, le séminaire interne devint comme un nouveau cénacle. Il y régnait une ferveur et une régularité exemplaires, et l'on y voyait fleurir toutes les vertus qui font les apôtres.

3. On n'en sera point étonné quand on aura lu le témoignage d'un de ses anciens novices, le bon M. Joseph Girard, devenu depuis comme le patriarche du clergé d'Algérie, aimé et vénéré de tous, et mort pieusement dans le Seigneur le 19 avril 1879. On peut dire que c'est un saint rendant hommage à un autre saint :

« J'avais, depuis bien des années, le désir de voir un saint avant de mourir. Cette idée m'était venue en lisant la *Vie des saints :* je pensais que leurs historiens n'avaient été que leurs apologistes, et s'étaient évertués à cacher leurs défauts pour en faire des personnages sans faiblesse et sans imperfections.

« J'avais rencontré plusieurs hommes estimés et dignes de l'être, mais il manquait à tous quelque chose pour ressembler aux saints canonisés par l'Église. Enfin, je fis la connaissance de M. Perboyre en 1834, au mois d'octobre. Tout en lui me frappa dès le commencement. Je l'étudiai, et bientôt je rendis grâces à Dieu de ce que j'avais été assez heureux pour voir un saint avant de mourir. Je le disais même à mes amis de

Paris qui cependant ne le connaissaient pas : « Maintenant je connais un saint, et je sais ce que c'est « qu'un saint vivant. »

« M. Perboyre menait vraiment la vie d'un saint au séminaire. La première fois que je le vis, il me fit une impression singulière. Il était posé auprès de M. Étienne, mais avec une soutane si pauvre, quoique propre, avec un air si humble et si modeste, que je le pris pour le dernier de la maison.

« Quand M. Perboyre fut sorti, je demandai à M. Étienne ce que c'était que ce prêtre. Il me répondit que c'était le directeur des novices. J'eus de la peine à le croire, parce que sa personne n'avait rien d'imposant; mais aussi je me mis à étudier un homme si pauvre qui occupait un emploi si important, et je vis bientôt que toute sa beauté était intérieure.

« Il avait à peu près toujours les habits les plus pauvres de tout le séminaire; et, en le voyant si oublieux de lui-même, il n'y avait pas de séminariste qui osât être mécontent de son habit.

« Il avait coutume de nous expliquer, les lundis, les épîtres de saint Paul. Ce qu'il nous disait était profond : c'était vraiment du saint Paul sur Jésus-Christ. Jésus-Christ était le sujet ordinaire de ses entretiens, mais il avait des pensées si profondes qu'il s'en tenait à développer un seul verset.

« C'était un homme de Dieu en tout, et un homme profond, qui n'excitait en rien l'attention par ses dehors. Il se cachait naturellement, et aussi par le sentiment profondément gravé de son incapacité. Si on lui faisait une question sur un point délicat, il ne se hâtait pas de répondre, et il paraissait qu'il n'avait pas de réponses toutes faites pour les questions : il les élaborait toutes dans son jugement et dans la prière. Aussi ne faisait-il pas de fautes, et ses paroles étaient pleines de sagesse. Doux, ferme, constant, il allait à son but sans bruit. Sa patience était invincible. Il parlait peu, rarement du prochain et toujours en bien, souvent de Dieu et jamais de lui-même.

« Ce qu'il y avait de bien remarquable dans M. Perboyre, c'est qu'il était sans défaut. Il a passé par plusieurs maisons, vécu avec bien des confrères; cependant on peut interroger tous ceux qui l'ont connu, ils répondront d'un commun accord qu'il n'avait point de défauts. »

4. Un autre de ses novices, M. Aubert, mort le 7 juillet 1887, supérieur de la Mission Sainte-Anne, à Amiens, fut un jour témoin d'une de ces faveurs exceptionnelles dont Dieu parfois se plaît à honorer ses saints.

Il servait la messe à M. Perboyre, lorsque, au moment de l'élévation du calice, après la consécration, il vit le saint prêtre élevé au-dessus de terre et ravi en extase. Ses pieds, qui avaient doucement quitté le sol, demeurèrent suspendus quelques minutes, pendant que ses mains tenaient élevé le calice qu'il venait de consacrer. L'extase terminée, le calice reposé sur l'autel heurta la pierre sacrée et fit jaillir au dehors, sur le corporal, quelques gouttes du précieux sang. C'était le signe, demandé par le futur martyr, que Dieu exauçait un désir bien cher à son cœur, celui de verser son sang pour Jésus-Christ; désir qui faisait, depuis plusieurs années, l'objet de son ardente prière, chaque jour au saint autel, pendant la consécration.

Le saint sacrifice achevé, le serviteur de Dieu fut alarmé dans son humilité, craignant que le jeune clerc ne révélât ce dont il venait d'être témoin. Aussi, de retour à la sacristie, M. Perboyre dit-il à son servant de messe, pour savoir s'il s'était aperçu de l'extase : « Je vous ai bien scandalisé tout à l'heure? » faisant allusion à l'accident survenu à la suite de l'extase. « Au contraire, » répondit M. Aubert, dont le visage trahissait l'admiration. Alors, se voyant découvert, M. Perboyre se fit promettre là-dessus un secret inviolable : « Au nom de la sainte obéissance, dit-il, je vous défends de révéler à qui que ce soit, tant que je vivrai, ce que vous venez de voir. »

L'heureux témoin fut fidèle au silence promis tant que vécut M. Perboyre. *Etenim sacramentum regis abscondere bonum est.* Mais après sa mort, il devait à la gloire de Dieu de révéler ses merveilleuses opérations : *Opera autem Dei revelare et confiteri honorificum est* (Tob., XII, 7), et nous possédons ainsi cette nouvelle preuve d'une sainteté déjà éminente dans l'humble directeur du séminaire interne.

5. Un maître aussi accompli était bien propre à former des hommes apostoliques, et Dieu lui accorda en effet la consolation d'en voir un grand nombre, sortis de ses mains, aller jusqu'aux extrémités du monde prêcher la bonne nouvelle et ramener dans les voies

du salut des âmes égarées. Mais ces résultats, dont il était loin de s'attribuer le mérite, ne pouvaient suffire à contenter sa sainte et généreuse ambition. Il voulait payer à ces missions lointaines un tribut plus immédiat et plus personnel, arroser de ses sueurs et même de son sang les terres encore infidèles. Ce désir avait été le premier mobile de sa vocation à l'état ecclésiastique et la raison déterminante de son entrée dans la Congrégation de la Mission. La pensée du martyre surtout enflammait son cœur généreux, et l'espérance de le trouver plus facilement en Chine lui faisait vivement désirer d'y être envoyé. Aussi aimait-il à parler de M. Clet, autre enfant de saint Vincent de Paul, mort pour la foi dans ces contrées, quinze ans auparavant, le 17 février 1820 : « Quelle belle fin que celle de M. Clet ! disait-il à un de ses novices ; priez Dieu que je finisse comme lui. » Ayant un jour réuni les séminaristes dans la salle des conférences, il leur montra une corde et un habit ensanglanté, et leur dit d'un ton animé : « Voici l'habit d'un martyr, voici l'habit de M. Clet. Voici la corde avec laquelle il a été étranglé ! Quel bonheur pour nous si nous avions un jour le même sort ! » Puis, au sortir de cette réunion, prenant à part un des novices, il lui dit : « Priez donc bien que ma santé se fortifie et que je puisse aller en Chine, afin d'y prêcher Jésus-Christ et de mourir pour lui. »

6. Sa santé, tel était en effet l'obstacle qui semblait devoir empêcher pour jamais la réalisation de ses désirs. Depuis plusieurs années elle était tortement

ébranlée, et tout portait à croire que, s'il partait pour la Chine, ne pouvant supporter les fatigues du voyage, il mourrait, comme son frère Louis, avant d'en avoir atteint le terme. Aussi les supérieurs avaient-ils pensé jusque-là ne pouvoir céder à ses instances. M. Perboyre sans doute en était peiné; mais loin d'accuser personne, il n'attribuait ce refus qu'à ses propres péchés et continuait à nourrir l'espérance de voir un jour sa demande exaucée.

7. Au commencement de l'année 1835, il parut aux yeux de ses novices tout absorbé par quelque grave préoccupation. Son front, d'ordinaire si serein, semblait assombri par quelque nuage ; ses prières étaient plus fréquentes et plus prolongées : c'est qu'il venait d'apprendre le prochain départ pour la Chine de nouveaux missionnaires, au nombre desquels il ne se trouvait point. Lui qui, depuis plus de six ans, demandait chaque jour en disant la sainte messe, au moment de la consécration, la faveur de verser son sang pour Jésus-Christ, ne pouvait voir sans peine lui échapper cette nouvelle occasion, et il s'efforçait de faire violence au ciel pour obtenir la réalisation de ses désirs.

8. Un jour enfin, intérieurement pressé par la grâce, il va se jeter aux pieds du supérieur général et le conjure avec larmes de ne pas mettre plus longtemps obstacle à son départ pour la Chine, où Dieu semble l'appeler. Le vénérable supérieur, profondément ému, le relève et lui promet de le laisser partir si son conseil, qu'il veut d'abord consulter là-dessus, se montre favo-

rable à ce projet. Mais la plupart des membres du conseil déclarèrent qu'il serait souverainement imprudent de laisser partir M. Perboyre, vu l'état de sa santé; que ce serait l'envoyer à une mort certaine; que, du reste, il faisait en France autant et plus de bien qu'il n'en pourrait faire en Chine. Seul, M. Étienne, alors procureur général de la Congrégation, se rangea à un avis différent, demandant que, pour la question de santé, l'on s'en rapportât à l'avis du médecin de la maison. Celui-ci, consulté, déclara d'abord que si M. Perboyre partait, il était fort à craindre qu'il ne mourût en route. Cette réponse fit cesser toute hésitation, et il fut résolu que M. Perboyre resterait.

9. Cependant on était à la veille de la Purification de la très sainte Vierge; et notre futur martyr conjura Marie, qu'il aimait à appeler sa bonne Mère, de ne point l'abandonner en cette circonstance difficile, mais d'intercéder en sa faveur auprès de son divin Fils, qui tient entre ses mains les cœurs des hommes, et d'obtenir que cette décision fût révoquée. Chose remarquable, le jour même, le médecin, sans avoir subi aucune influence extérieure, se repentit de l'avis qu'il avait donné; de la nuit il ne put fermer l'œil, et il ne lui fut possible de retrouver un peu de calme qu'après avoir pris la résolution de rétracter ce qu'il avait dit. Et en effet, dès le matin, il se rendit à Saint-Lazare pour dire qu'il ne s'opposait plus au départ de M. Perboyre; que non seulement il ne voyait pour lui dans le voyage aucun danger de mort, mais qu'il en espérait même d'heureux effets pour l'amélioration de

sa santé. Les membres du conseil revinrent aussitôt sur leur première décision, et M. Perboyre obtint enfin la permission tant désirée.

Sa joie fut grande, mais calme et toute surnaturelle. Il commença par remercier Dieu et la très sainte Vierge, dont on célébrait en ce jour la Purification, et à la puissante intercession de laquelle il attribuait l'heureuse issue de cette affaire. Puis il écrivit à son oncle et à ses chers parents pour leur faire agréer ce nouveau sacrifice, rendu plus pénible encore par l'héroïque résolution qu'il avait prise de ne point aller les visiter avant de partir. Il s'occupa enfin tranquillement de ses préparatifs de voyage, dont les principaux furent la prière et une bonne confession générale faite avec le plus grand soin.

10. Le jour fixé pour le départ, les novices désirèrent une dernière fois entendre ce maître si justement vénéré, si tendrement aimé, et recevoir une dernière bénédiction de celui que tous se seraient estimés heureux de pouvoir suivre, en qui tous voyaient un apôtre et déjà peut-être un martyr. Mais à peine eut-il prononcé quelques mots, qu'une émotion, dont son humilité plus encore que les regrets de la séparation, était la cause, étouffa sa voix. Il descendit de chaire pénétré du profond sentiment de son néant et de ses misères; puis, prosterné au milieu de la salle, devant tous les séminaristes, il leur demanda pardon des mauvais exemples qu'il leur avait donnés, et de toutes les négligences dont il s'était, disait-il, rendu coupable dans l'exercice de sa charge. Les spectateurs de

cette scène attendrissante ne purent répondre que par des larmes, et, tombant aussi à genoux, ils demandèrent à l'humble missionnaire sa bénédiction. Cédant à leurs instances, il finit par les bénir avec une affection toute paternelle, et, après quelques paroles simples et amicales, il les quitta en se recommandant à leurs prières et promettant de ne pas les oublier devant le Seigneur.

Ses adieux aux autres membres de la famille présents alors à la Maison-Mère ne furent pas moins touchants. Tous se rendirent dans la grande cour d'honneur pour recevoir sa bénédiction. Le Supérieur général lui-même, le vénérable M. Salhorgne, descendit aussi malgré ses infirmités, désirant presser une dernière fois sur son cœur ce généreux apôtre, et lui donner publiquement un témoignage si mérité d'estime et de paternelle affection. Tout le monde pleurait et se recommandait aux prières du saint missionnaire. Il fallut enfin se séparer, et M. Perboyre se dirigea vers le Havre, en compagnie des jeunes missionnaires avec lesquels il allait s'embarquer pour la Chine.

CHAPITRE V

SON VOYAGE DU HAVRE A MACAO, ET DE MACAO A SA DESTINATION DANS LE HO-NAN (1835-1836)

1. Son départ pour le Havre, et commencement de la traversée. — 2. Violente tempête qui survient. — 3. Sa santé, ses occupations, vertus qu'il pratique durant la traversée. — 4. Séjour à Java. — 5. Arrivée à Macao. — 6. Accueil qu'il y trouve auprès de ses confrères ; édification mutuelle. — 7. Étude de la langue chinoise. — 8. Sainte indifférence. — 9. Départ de Macao. — 10. Passage à travers le Kiang-Si. — 11. Halte dans le Hou-Pé, non loin du tombeau du vénérable Clet. — 12. Consolations et difficultés du voyage. — 13. Il arrive à Nan-Yang-Fou, sa destination dans le Ho-Nan.

1. Arrivé au Havre le lundi 16 mars 1835, M. Perboyre s'embarquait avec ses deux confrères et cinq prêtres des Missions étrangères, le vendredi suivant, sur l'*Edmond*, navire français en partance pour Java, et qui mettait à la voile le lendemain. Ce fut donc le 21 mars, un samedi, sous les auspices de la très sainte Vierge, qu'il quitta les rives de France, avec cette joie douce et calme que la grâce seule pouvait lui inspirer. « J'admirais, dit-il lui-même dans une relation de son voyage à Batavia, ces dispositions que Dieu avait mises en nous, lorsqu'un souvenir tendre et paisible, comme une pensée qui descend du ciel, préoccupa tout à coup mon esprit. C'était le souvenir que, il n'y avait pas encore cinq ans, mon cher frère Louis s'était embarqué au même port pour faire le même voyage que nous entreprenions, et qu'il avait reçu sa récompense et sa

couronne avant d'arriver au terme de ses désirs. Je me sentis intérieurement invité à mettre notre traversée sous sa protection; mon âme s'éleva aussitôt vers lui avec confiance, et mes yeux furent inondés de larmes, mais de larmes douces et délicieuses. » Ce souvenir ne le quittait pas, et il écrivait à son oncle: « Je ne pouvais faire ce voyage de Chine sans penser souvent à mon cher Louis; j'aimais à le considérer marchant devant moi et m'indiquant le chemin que je devais suivre. Hélas! comme l'étoile qui guidait les Mages, il a disparu au milieu de la route... Oh! de quelle grande joie ne me réjouirai-je pas lorsque je le reverrai brillant d'une nouvelle clarté et me montrant où est le divin roi Jésus!... »

Les premiers jours de la traversée furent un peu pénibles : la force du vent, quoique favorable, agitait de telle sorte le navire que les nouveaux passagers, fort incommodés, durent payer à la mer le tribut ordinaire. Mais, dès le huitième jour, en vue de l'île Madère, le calme se rétablit, et les missionnaires purent, chacun à son tour, dire, la sainte messe presque tous les jours de dimanche et de fête. « Oh! qu'on se sent heureux, s'écrie M. Perboyre dans la relation déjà citée, sur ce vaste désert de l'Océan, de se retrouver de temps en temps en la compagnie de Notre-Seigneur!... » — « Notre-Seigneur, descendant dans nos cœurs, dit-il dans une autre lettre à son cousin, nous faisait oublier les peines et les fatigues passées, et nous sentions que ce que nous faisions pour lui n'était rien auprès de ce qu'il avait fait pour nous. » Le jour de Pâques, 19 avril, on traversait l'équateur, et, un mois après, on doublait sans difficulté le cap de Bonne-Espérance.

2. Mais, peu de temps après, le dernier jour du mois de Marie, on eut à essuyer une tempête des plus violentes, à laquelle on n'échappa que par une protection visible de la très sainte Vierge. Voici ce qu'en dit M. Perboyre dans la lettre déjà citée : « Le 31 mai, entre 60° et 70° de longitude Est, dans la direction de l'île d'Amsterdam, nous essuyâmes une violente tempête. Notre capitaine, qui navigue depuis trente-six ans, n'en avait jamais vu d'aussi terrible. Elle dura douze heures dans sa plus grande intensité ; des lames énormes montaient jusqu'au-dessus des hunes et s'abattaient sur le pont, où elles roulaient d'un bord à l'autre, pêle-mêle, hommes, cages à poules et tout ce qui n'était pas solidement amarré. Une d'elles, après avoir donné une si violente secousse au flanc du navire que tout le lest se porta sur un côté de la cale, renversa en tombant et jeta à quelques pas, sur la dunette, les deux hommes qui tenaient le gouvernail, et qui, par bonheur, n'eurent pas de mal, et elle enleva un canot qu'on ne revit plus. Les hautes montagnes, formées de vagues écumantes, qui à chaque instant s'élevaient presque à pic devant et derrière nous, en nous enfermant dans de profonds abîmes, étaient à la fois effrayantes et admirables, et nous ne pouvions nous empêcher de nous écrier avec le prophète : *Mirabiles elationes maris*, *mirabilis in altis Dominus* : » Admirables sont les soulèvements de « la mer; admirable est le Seigneur dans les cieux. » Cependant nous possédions notre âme en paix, aimant

à nous abandonner au bon plaisir de Celui qui conduit aux portes du tombeau et en retire. Il voulut bien nous faire sortir tous sains et saufs de cette horrible crise. Sur le soir, tous les missionnaires se mirent à réciter en commun les litanies de la sainte Vierge, l'*Ave Maris stella* et la petite prière : *O Marie, conçue sans péché, priez pour nous qui avons recours à vous*. Leur confiance ne fut point vaine ; car à peine eurent-ils levé les mains vers l'*Étoile de la mer* que la tempête s'apaisa peu à peu. » Cette tempête fut le seul incident remarquable qui rompit la monotonie de la traversée de France à Java. Le mardi 23 juin, on entrait dans le détroit de la Sonde, et le vendredi suivant, on arrivait à Batavia.

3. La santé de M. Perboyre, qui inspirait à son départ de sérieuses inquiétudes, n'eut pas à souffrir du voyage, et il supporta sans trop de fatigues les rigueurs du mal de mer et les chaleurs de la zone torride. Le changement d'air parut même lui avoir fait du bien, et il se trouva moins incommodé de certaines infirmités dont il était affligé depuis plusieurs années. Ainsi se réalisait la parole du médecin qui contre toute prévision humaine, et comme par une inspiration d'en haut, lui avait ouvert le chemin de la Chine.

Ces trois premiers mois de navigation ne furent pas perdus pour M. Perboyre, qui savait partager entre la prière et l'étude le temps dont les incommodités du voyage lui permettaient de disposer. La lecture de la vie de saint Vincent de Paul était sa principale occupation, et il se servait de tout pour s'élever à Dieu, dont l'immensité de l'Océan lui semblait une vivante image. Ainsi écrivait-il à son frère, le 1er juillet : « Avant d'avoir navigué, je ne pouvais penser à la mer sans éprouver une secrète frayeur ; mais, depuis que je me suis embarqué, ni l'immensité de son étendue, ni la profondeur de ses abîmes, ni l'agitation de ses flots ne m'ont causé le plus léger effroi. Ainsi, après avoir redouté de paraître devant Dieu, devons-nous goûter un jour sur son sein un repos jusqu'alors inconnu. » Jamais il ne se permettait de conversations inutiles ; mais on le voyait tantôt à genoux dans sa cabine, tantôt assis sur le pont, un livre à la main, ou méditant sur le spectacle grandiose qui s'offrait à ses yeux, ou adressant aux matelots des paroles de salut qu'ils écoutaient avec le plus grand respect. On remarqua surtout l'énergie avec laquelle il supporta le mal de mer, dont il fut fortement atteint les premières semaines de la traversée. Ceux qui ont éprouvé ce mal savent à quel état de prostration il réduit, et ils comprendront quels efforts dut faire M. Perboyre, soumis à un si pénible malaise, pour ne jamais se coucher pendant le jour, ni interrompre pour cela ses études ni ses exercices de piété. Aussi fit-il l'admiration de tout l'équipage, qui disait : « Pour celui-là, c'est un véritable saint. »

4. Arrivés à Batavia, dans l'île de Java, les Missionnaires durent quitter l'*Edmond*, pour monter à bord du *Royal-Georges*, navire anglais qui se rendait à Macao. On leva l'ancre le 5 juillet, pour aller prendre un chargement à l'extrémité orientale de l'île, dans la rade de Surabaya. Arrivé là le 14, il fallut y faire un séjour de trois semaines, que les pieux voyageurs surent en-

core employer fort utilement, descendant à terre pour dire la sainte messe, et s'occupant à bord, le reste du temps, comme le pourraient faire les religieux les plus fervents dans leur cellule.

5. Enfin, parti de Surabaya le 7 août, M. Perboyre aborda à Macao le 29 du même mois, qui était un samedi, le jour même où l'Église célébrait le martyre de son auguste patron, saint Jean-Baptiste. N'était-ce pas pour lui un présage de la glorieuse mort qui l'attendait sur la nouvelle terre où il mettait les pieds?

Sa joie fut grande lorsqu'il se vit enfin arrivé au terme de ses désirs, et peu de jours après son débarquement, il écrivait, le 9 septembre, à M. Le Go, l'un des assistants de la Congrégation : « *M'y voilà;* tel est le mot d'ordre par lequel je devais vous donner mon premier signe de vie de Macao. Oui, *m'y voilà*, et béni soit le Seigneur qui m'y a lui-même conduit et porté : *Si sumpsero pennas meas diluculo et habitavero in extremis maris, etenim illùc manus tua deducet me et tenebit me dextra tua* : « Si dès le point du jour je « prends des ailes pour aller habiter aux extrémités « de la mer, c'est votre main, Seigneur, qui m'y con- « duit, votre droite qui m'y soutient. » ..... Quoique nous fussions disposés à faire une navigation cent fois plus longue, si cela eût été dans l'ordre de l'obéissance, je vous assure néanmoins que nous en avons vu la fin avec un grand contentement, et que nos cœurs ne se sont pas peu épanouis lorsque nous avons posé le pied sur cette terre après laquelle nous soupirions depuis si longtemps. »

6. M. Perboyre reçut de ses confrères de Macao et de leur supérieur, M. Torrette, qui avait été ordonné prêtre en même temps que lui, l'accueil le plus affectueux. Obligé de faire un séjour de quelques mois dans cette ville pour s'instruire de la langue et des usages chinois, il mit ce temps à profit pour la sanctification de son âme et en fit comme une longue retraite spirituelle. C'est ce qu'il écrivait à celui qui lui avait succédé à Paris dans sa charge de directeur des novices: « Quoique le bon Dieu nous ait fait bien des grâces spirituelles pendant le cours de notre longue traversée, nous n'avons pu méconnaître la vérité de cette maxime : « Rarement se sanctifient ceux qui voyagent « beaucoup. » *Qui multùm peregrinantur raro sanctificantur.* » Nous avions donc besoin, avant de commencer notre grande campagne dans l'intérieur de la Chine, de nous recueillir un peu dans la solitude, et d'y puiser de nouvelles forces, encore plus pour l'âme que pour le corps. Nous devions trouver à Macao tout ce qu'il fallait pour cela. Le bon esprit et la ferveur qui règnent dans notre séminaire chinois ont fait goûter de nouveau à nos cœurs tout ce que nous avions senti de bonheur dans celui de Paris. Ici, comme là, la simplicité et la piété, la modestie et la douceur, l'humilité et la charité ont créé un paradis terrestre qu'il faut avoir habité pour s'en former quelque idée. »

Cependant l'édification qu'il donnait lui-même n'était pas moindre. Tous les efforts de M. Torrette pour lui faire accepter les soins particuliers dus à ses infirmités et à ses vertus échouèrent contre son humilité, et il finit par obtenir d'être traité comme le dernier des Missionnaires. Les Lazaristes portugais qui dans la même ville dirigeaient le séminaire diocésain, ayant obtenu de le posséder quelques jours parmi eux, furent tellement embaumés du parfum de ses vertus qu'ils n'en parlaient ensuite qu'avec larmes.

7. Son temps était partagé entre les exercices de piété et l'étude de la langue chinoise, dans laquelle il rencontrait bien des difficultés, tant à cause de son âge que de ses maux de tête presque continuels. « Nous avons commencé à étudier le chinois, disait-il dans sa lettre déjà citée à M. Le Go; je crois qu'il m'en coûtera long pour apprendre cette langue, si l'on en juge par les premiers essais. On dit que M. Clet ne la parlait qu'avec une grande difficulté. Mes précédents me donnent quelques traits de ressemblance avec lui; puissé-je ressembler jusqu'à la fin à ce vénérable confrère, dont la vie apostolique a été couronnée par la glorieuse palme du martyre ! » Mais son travail et sa persévérance suppléèrent si bien à la facilité qui lui manquait, qu'au bout de trois mois il s'exprimait déjà passablement. Il continua dans la suite à consacrer à cette étude tous les moments que ne réclamaient pas ses exercices de piété ou les fonctions qu'il avait à remplir; et Dieu bénit tellement ses efforts qu'il fut bientôt en état de prêcher, de confesser et de faire le catéchisme. Bien plus, dans les longs et nombreux interrogatoires qu'il eut plus tard à subir durant sa captivité, ses juges n'étaient pas moins surpris de la

connaissance qu'il possédait de leur langue que du courage héroïque qu'il montrait au milieu de ses supplices.

8. C'est au milieu de ces occupations, qu'il attendait sans aucune impatience qu'on lui assignât une mission : « Ne me demandez-vous pas déjà, écrivait-il à M. Le Go, quelle va être ma destination dans ce nouveau monde ? Il faut que je vous avoue ma complète ignorance sur ce point. Depuis longtemps ma principale résolution était la pratique de la sainte indifférence ; en arrivant ici j'ai tâché d'y tenir plus ferme que jamais. Les premiers jours, lorsque j'ouvrais, comme au hasard, le livre de l'*Imitation*, mes yeux tombaient toujours sur ces paroles : « Mon fils, laissez-« moi agir comme je veux à votre égard. Je sais ce qui « vous est le plus expédient. » Je m'empressais de répondre par un des versets suivants : « Seigneur, « pourvu que ma volonté soit toujours droite et « constamment attachée à vous, faites de moi ce qu'il « vous plaira. » J'aime beaucoup ce mystère de la Providence qui se plaît à me faire vivre en quelque sorte au jour le jour. Quand le temps en sera venu, nous recevrons chacun notre mission ; je ne saurais me mettre en peine de celle qui m'écherra. »

Ce temps n'était pas bien éloigné. Les besoins du Ho-Nan réclamaient un missionnaire d'une vertu consommée, tel que la divine Providence semblait l'avoir préparé dans M. Perboyre ; et, dans le commencement de décembre, il fut désigné pour cette mission.

9. Ce fut le 21 décembre que M. Perboyre quitta

Macao pour se rendre à sa nouvelle destination, au milieu de dangers de toutes sortes. Il fallut partir à la faveur des ténèbres et se cacher plus d'une fois pendant le cours du trajet, pour échapper aux visites officielles des autorités chinoises, ou à des regards indiscrets qui pouvaient facilement devenir compromettants. Les lois de l'Empire en effet interdisaient l'entrée du pays à tout Européen, sous peine de mort.

Le voyage se fit d'abord par mer, en côtoyant successivement la province du Kouang-Tong et celle du Fo-Kien, suivant les mille détours qu'elles présentent, ce qui le rendit fort long et monotone. Mais M. Perboyre sut échapper à l'ennui en se livrant avec ardeur à l'étude du chinois, se contentant même, comme on le lit dans une de ses lettres, de faire un repas vers neuf heures du matin et un autre vers sept heures du soir, afin de pouvoir y consacrer plus de temps.

10. Enfin, le 22 février 1836, plus de deux mois après son départ de Macao, il arriva, au terme de cette navigation, à la ville de Fou-Ning, située sur la côte orientale de la Chine, à l'extrémité septentrionale du Fo-Kien. Laissant cette ville sur sa droite, il pénétra dans l'intérieur des terres et fit une halte de quelques jours dans la résidence de Mgr le Vicaire apostolique de cette province, de qui il reçut l'accueil le plus charitable. Le 15 mars, il se remit en route pour le Kiang-Si, province qu'il devait traverser au prix de nouvelles fatigues et de nouveaux dangers : « Parcourant un pays dont nous ne pouvions ni parler la langue ni bien imiter les habitudes, écrivait-il plus tard à son oncle,

et dont l'entrée est interdite sous peine de mort à tout Européen, nous allions d'abord avec l'incertitude et la réserve de gens qui marchent sur un terrain mouvant. Mais à mesure que notre petite expérience augmentait et que nous prenions impunément le large, notre assurance augmentait aussi. D'ailleurs, nous mettions toujours d'autant plus notre confiance en la providence de Dieu que nous comptions moins sur la nôtre et sur celle de nos guides. »

11. Cette confiance ne fut pas trompée, et, passant heureusement toutes les douanes, M. Perboyre arriva le 15 avril sans accident dans la chrétienté de Han-Khéou, près de Ou-Tchang-Fou, où il s'arrêta un ou deux jours. Ce pays arrosé par le sang d'un martyr, et où il devait lui-même un jour verser le sien pour la foi, lui rappelait un souvenir de famille bien cher et bien glorieux. « Le premier office que j'y récitai, écrivait-il à son oncle, fut celui de saint Clet[1], pape et martyr. Il ne me fallait pas un rapprochement si frappant pour me rappeler que j'étais sur les lieux mêmes où notre cher martyr, M. Clet, avait donné sa vie pour Jésus-Christ. Oh ! que je souhaitais ardemment d'aller faire mon pèlerinage à son tombeau, qui n'est qu'à deux petites lieues de la maison où je logeais ; mais il fut jugé plus opportun de le remettre à plus tard. » Ce plus tard, dans les décrets de la Providence, ne devait être qu'après sa mort ; alors, en effet, par un heureux rapprochement, il partagea la sépulture de

1. C'était par conséquent le 26 avril 1836.

celui dont il avait tant admiré et si bien suivi les glorieux exemples.

12. Au commencement du mois de mai, M. Perboyre eut la consolation de retrouver dans les montagnes deux de ses confrères, MM. Baldus et Rameaux, auprès desquels il demeura quelques semaines et qu'il accompagna même dans leurs missions, heureux de se former ainsi à leur école et de profiter de leur expérience. Mais bientôt un commencement de persécution les obligea de se séparer pour mieux échapper aux recherches, et M. Perboyre dut continuer seul son voyage. Écoutons-le nous en raconter les fatigues :

« Je partis sur une barque chrétienne qui venait de servir à un mandarin, et pendant cette navigation, qui fut de huit jours, je m'occupai comme dans les autres à l'étude du chinois... Le 26 juin, je quittai le fleuve pour la dernière fois et entrepris, seul avec le maître de la barque, une nouvelle campagne à pied... Comme le défaut d'exercice, dans la barque, avait affaibli mes jambes, je me trouvai le soir fort fatigué. Le lendemain nous avions une dizaine de lieues à faire à travers de bien rudes montagnes. Après beaucoup d'efforts et de peine j'étais parvenu au pied de la dernière; mais ici je n'en pouvais déjà plus. En la voyant s'élever, je vins à me rappeler que je portais sur moi une petite croix à laquelle était attachée l'indulgence du chemin de la croix; c'était bien le cas de tâcher de la gagner. Depuis quelques heures je ne me traînais qu'à l'aide du parapluie dont je ne pouvais me servir contre une pluie qui tombait à verse. Je m'asseyais sur toutes les pierres que je rencontrais ; puis je me remettais à grimper, quelquefois avec les mains. Si vous me permettez de parler ainsi, *j'aurais, au besoin, grimpé avec les dents pour suivre la voie que la Providence m'avait tracée.* Mon pauvre conducteur était réduit à me rendre le service qu'on rend à une mauvaise rosse qu'on soulève et qu'on pousse en avant ; mais il fut relevé dans cet office charitable par un jeune homme qui descendit de la montagne. Plusieurs chrétiens gardaient les bestiaux sur les hauteurs. En voyant mon train, ils devinèrent bien ce que c'était, car j'étais attendu, et ils furent bientôt auprès de nous. Comme je n'avais pu rien manger de tout le jour, ils s'imaginèrent de me faire prendre quelque chose ; mais le peu que je m'efforçai d'avaler, je le rejetai presque aussitôt. Je me sentais un peu plus fortifié par ce qu'ils me disaient que, dans l'enceinte des montagnes où nous étions, il n'y avait que des chrétiens et qu'il en était à peu près de même dans les environs. Enfin je doublai le sommet de la terrible montagne, et sur le revers je trouvai, cachée dans un bosquet de bambous, notre résidence, où M. Rameaux et un confrère chinois me reçurent à bras ouverts. Avec eux j'eus bientôt oublié mes fatigues... M. Baldus vint à son tour respirer l'air de communauté dans notre chartreuse, où nous étions réunis une vingtaine de personnes, missionnaires, catéchistes, étudiants..., etc. »

13. Mais ce séjour au milieu de ses confrères, dont la compagnie lui était aussi agréable qu'utile, ne fut pas de longue durée. Il dut les quitter vers le milieu

de juillet, et cinq jours après il arrivait vers minuit à la résidence de Nan-Yang-Fou, qui lui avait été assignée, dans la maison même où M. Clet avait été arrêté.

CHAPITRE VI

SES MISSIONS DANS LE HO-NAN ET DANS LE HOU-PÉ

(1836-1839)

1. Ses dispositions à son arrivée dans le Ho-Nan. — 2. Grave maladie qu'il y fait; ses premières missions; fatigues et succès. — 3. Souvenirs du vénérable Clet; vacances. — 4. Il quitte la mission du Ho-Nan pour celle du Hou-Pé. — 5. Ses nouvelles occupations. — 6. Une journée de dimanche ou de fête. — 7. Bon emploi de son temps. — 8. Privations et fatigues que Dieu bénit. — 9. Épreuve intérieure bien cruelle. — 10. Apparition de Notre-Seigneur qui l'en délivre.

1. Seize mois s'étaient écoulés depuis son départ de France, et il avait parcouru environ huit mille lieues. « J'ai assez couru, écrivait-il à son oncle, le 10 août, pour désirer n'avoir pas d'autre grand voyage à faire que celui qui ne se fait ni par eau, ni par terre. Mais en attendant, je ne saurais éviter les longues promenades dans l'intérieur de cette vaste Chine. Il le faut bien; si je suis venu de si loin, c'est sans doute pour courir encore dans cette arène. Dieu veuille que j'y coure de manière à obtenir l'incorruptible couronne : *Sic currite ut comprehendatis !* » (I Cor., IX, 24.)

Ce dernier souhait devait être exaucé, et le vaillant athlète de Jésus-Christ allait en peu de temps fournir une longue et glorieuse carrière. Ne pouvant encore dans cette voie marcher assez vite au gré de ses désirs, il enviait le bonheur de ses confrères qu'une plus grande connaissance de la langue et des usages du pays mettait mieux à même de procurer la gloire de Dieu et le salut des âmes : « Je voudrais bien pourtant, écrivait-il le 18 août 1836, glaner quelques petits épis pour les placer à côté des grandes gerbes de mes confrères dans l'aire du père de famille. »

2. Un instant l'on put croire que Dieu, se contentant de sa bonne volonté, voulait déjà le récompenser. Une grave maladie le conduisit aux portes du tombeau, et l'on jugea à propos de lui administrer les derniers sacrements. Il échappa cependant au danger, par une permission providentielle, et trois mois après il était presque rétabli. Il se remit alors à l'étude de la langue chinoise, et bien que n'ayant pas encore recouvré toutes ses forces, il entreprit avec un prêtre chinois sa première mission. Elle réussit fort bien : les chrétiens qu'il évangélisa, ne pouvant résister aux efforts de son zèle, sortirent des mauvaises dispositions dans lesquelles ils vivaient depuis longtemps et firent tous leur devoir. Encouragé par ces premiers succès, il se lança alors tout à fait dans la carrière évangélique, où ses travaux furent très fructueux. Mais ce n'était qu'au prix de bien des fatigues qu'il obtenait ces heureux résultats. On en jugera par l'extrait suivant d'une lettre qu'il écrivait au directeur du séminaire interne de la Congrégation, le 25 septembre 1837 :

« Aussitôt que j'eus recouvré mes forces, j'entrepris avec un jeune confrère chinois l'administration de nos chrétiens du Ho-Nan. Pour en visiter environ quinze cents distribués en une vingtaine de chrétientés, il nous a fallu faire plus de trois cents lieues, et traverser la province dans toute sa largeur. Cette tournée a duré six mois. Pour que vous puissiez mieux vous en faire une idée, je vais la refaire avec vous. Supposons le lieu de notre résidence et notre point de départ dans le diocèse de Cahors ; faisons là d'abord quelques missions. Ensuite allons en faire d'autres dans les diocèses d'Albi, du Puy, d'Autun, d'Orléans, de Versailles, d'Amiens ; c'est à peu près le tableau de la position et des distances respectives des districts que nous avons parcourus.

« Comme vous pensez bien, cela ne s'est pas fait sans quelques fatigues. Nous avons voyagé quelquefois à pied, le plus souvent sur des chars non suspendus, par des chemins qui ne sont entretenus, ni par le gouvernement, ni par les particuliers : ordinairement partant de nuit de chez les chrétiens, et arrivant chez eux de nuit, ayant la barbe toute blanchie par le givre et les matinées d'hiver, le visage hâlé, les oreilles, le cou et le front pelés par les chaleurs d'été. Je ne veux pas vous présenter le tableau de la plupart des auberges de Chine, lequel ne pourrait être complet sans être dégoûtant. Je dirai seulement que, si l'on est avide de privations et de mortifications, il y a là de quoi faire une sainte fortune. Du reste, quoique le meilleur lit qu'on y trouve soit une natte étendue par terre ou sur un petit tréteau, on aime bien à y prendre son somme et à s'y reposer des fatigues du jour.

« Arrivés dans les auberges, nous avons été quelquefois importunés, tantôt par un homme de la police qui venait nous faire subir un interrogatoire et inscrire nos noms, tantôt par des gens de tribunal qui nous forçaient de leur céder notre logement et d'aller chercher hospitalité ailleurs. Avoir à soutenir le personnage de concitoyen dans tous les voyages n'est pas la plus petite des incommodités pour le missionnaire européen. Pour ne pas se trahir, il se tient lui-même sur la réserve, laissant parler et agir les chrétiens qui l'accompagnent, et qui, malgré les précautions que leur prudence ou leur timidité leur fait prendre, éprouvent parfois d'assez grandes inquiétudes. Mais le missionnaire sent au-dedans de lui-même une latitude et une liberté de cœur qui l'élèvent au-dessus de tout et le remplissent de joie au milieu des dangers. »

3. Ce qui le soutenait aussi, c'était le souvenir de M. Clet, ce glorieux martyr avec lequel la divine Providence lui avait donné déjà tant de traits de ressemblance, et dont il enviait le trépas. « Comme dans mes voyages, dit-il encore dans la même lettre, j'ai plusieurs fois suivi ou croisé les routes que ce vénérable confrère avait parcourues, lorsque, chargé de chaînes pour Notre-Seigneur, il était conduit devant les divers tribunaux de cette province et du Hou-Kouang, je vous assure que ce n'est pas sans émotion que j'en entendais rappeler le souvenir par ceux qui m'accompagnaient... Pour mon compte, je me félicite de travailler dans cette portion de la vigne du Seigneur, qu'il a cultivée lui-même avec tant de zèle et de succès. Son souvenir, que l'on conserve si précieusement, ne sert pas peu à m'animer à marcher sur ses traces et à continuer le bien qu'il a commencé.

« Voilà, pour cette année, nos vacances finies, si l'on peut appeler vacances un temps passé à étudier, à confesser, à prêcher, à faire la classe à de futurs séminaristes, et au milieu d'une foule d'enfants qui viennent ici tous les jours apprendre le catéchisme, les prières..., etc. Nous allons commencer notre retraite annuelle, et puis nous remettre en campagne. Dieu veuille bénir nos petits travaux, sanctifier et féconder nos peines ! Les peines ne manquent pas aux missionnaires, mais ces peines sont si précieuses aux yeux de la foi, qu'elles méritent bien qu'on aille les chercher au bout du monde. »

4. Deux ans ne s'étaient pas écoulés au milieu de ces travaux apostoliques dans la province du Ho-Nan, quand l'obéissance obligea M. Perboyre de la quitter pour aller en féconder une autre de ses sueurs. M. Rameaux, supérieur de la Mission voisine, celle du Hou-Pé, voulant lui procurer un précieux renfort, appela à son secours notre vaillant missionnaire, qui dès lors eut à exercer son zèle sur un nouveau terrain.

5. Des fatigues non moins grandes, quoique d'un genre différent, attendaient M. Perboyre dans son nouveau poste. Sans doute il n'avait plus à faire de longs et pénibles voyages, mais le ministère auquel il était appliqué le soumettait à toutes sortes de privations et de souffrances.

« Au mois de janvier dernier, écrivait-il à son cousin le 12 septembre 1838, j'ai été rappelé dans le Hou-Pé par M. Rameaux, supérieur de cette mission. Le district que j'ai occupé depuis, et d'où je ne suis sorti que pour aller visiter deux petites chrétientés un peu éloignées, est situé au milieu des montagnes. Il embrasse une étendue de deux à trois lieues de long sur un peu moins de large. Les chrétiens qui le composent, et au milieu desquels il se trouve très peu de païens, sont au moins d'environ deux mille, distribués en une quinzaine de chrétientés, mais tellement dispersés qu'il n'y a rien parmi eux qui ressemble même à un petit village. Au centre de ce district nous avons une résidence que la mission possède. Là le missionnaire est comme un curé au milieu d'une grande paroisse, continuellement en rapport avec les chrétiens de tout le district. Il est souvent appelé de nuit et de jour pour l'administration des malades, secours que les chrétiens chinois sont très empressés de se procurer à la moindre apparence de danger. Il y a sans cesse, et surtout à l'approche des dimanches et des fêtes, une telle affluence de gens qui demandent à se confesser, que trois prêtres habituellement résidant ici auraient peine à satisfaire au désir de tous...

6. « Mais c'est surtout le dimanche et les jours de fête que le troupeau se presse autour du pasteur. Depuis le commencement jusqu'à la fin du jour notre église se trouve remplie de monde. D'abord on récite en commun la prière du matin, les prières de la fête et une partie du catéchisme; puis on entend la messe, la prédication et le catéchisme qui se fait pour les enfants. Dans l'après-midi ont lieu la récitation du rosaire, l'exercice du chemin de la croix et une conférence dans laquelle plusieurs personnes pren-

nent la parole suivant la méthode simple et familière de saint Vincent de Paul. Ajoutez à cela les confessions, baptêmes, confirmations, mariages, l'admission dans diverses confréries, l'expédition de dispenses, l'examen des difficultés qui se présentent dans les chrétientés, interrogations sur la doctrine, instructions et exhortations privées, avis et corrections, quelquefois même l'office de juge de paix qu'il n'est pas toujours possible de décliner, et vous aurez une petite idée des occupations du missionnaire en ces jours de dimanche et de fête. »

7. Et dans une autre lettre à l'un de ses confrères, M. Aladel, datée du 10 août de l'année suivante 1839, il ajoutait : « C'est dans ces montagnes que je suis fixé depuis près de deux ans, et que je vais continuer à exercer le saint ministère, dont les occupations ne me laissent pour ainsi dire le temps de regarder ni devant ni derrière. Depuis la Nativité de la sainte Vierge de l'année dernière jusqu'à la Pentecôte de cette année, j'ai fait dix-sept missions ou visites de chrétientés ; et je ne puis dire que depuis lors j'aie joui d'un seul moment de vacances. Il m'est absolument impossible d'en prendre, parce que nous nous trouvons au milieu d'un grand nombre de chrétiens qui, pour la plupart, aiment à se confesser souvent. Si, par exemple, à cette fête de l'Assomption, on pouvait en confesser mille et plus, ils seraient là tout disposés. La fête passée, je vais faire ma retraite et me remettre en campagne pour missionner une bonne partie de l'année. »

8. Aux fatigues du saint ministère se joignaient les privations d'une vie pauvre et mortifiée. N'ayant pour

demeure que des maisons obscures et malsaines, sans cheminée et presque sans fenêtre, où l'on ne pouvait faire de feu sans être aussitôt entouré d'une épaisse fumée, sa nourriture n'était pour l'ordinaire qu'un peu de riz et des herbes cuites à l'eau sans aucun assaisonnement, et il n'avait d'autre couche que la terre nue ou quelque planche couverte d'une natte. De plus, les chaleurs excessives de ces contrées et souvent les tourments de la faim et de la soif se joignaient, pour augmenter ses souffrances, à la faiblesse de son tempérament et à plusieurs infirmités qu'il supportait avec une patience admirable. Et comme si tout cela n'eût pas suffi à satisfaire son amour pour la croix, il s'imposait encore de sévères pénitences, se déchirait par de sanglantes disciplines, portait autour de ses reins une chaîne de fer et sur son corps un rude cilice. Enfin, en contact habituel avec des chrétiens pauvres et peu soigneux de la propreté, il partageait avec eux la vermine dont ils étaient couverts; et, à l'exemple de plusieurs saints, par esprit de pénitence, il se laissait en quelque sorte dévorer tout vivant, ne faisant rien pour se préserver ou se débarrasser d'un tel supplice.

Aussi Dieu bénissait-il visiblement son ministère, lui donnant grâce pour instruire les ignorants, convertir les pécheurs et les apostats, retremper dans la ferveur les âmes tièdes, et rendre chacun assez fort pour confesser au besoin sa foi devant les tribunaux au milieu des plus grandes tortures, comme la suite le fit voir.

9. Lui-même semblait se préparer, par une lecture assidue des Actes des Martyrs, aux glorieuses luttes

qu'il devait bientôt soutenir. Mais Notre-Seigneur, qui trouvait sans doute dans cette sainte âme une si agréable demeure, voulut rendre cette préparation plus entière et plus parfaite en purifiant davantage la victime et la faisant passer par le creuset d'une épreuve bien cruelle. Avant de lui faire endurer les souffrances de sa Passion dans Jérusalem et sur le Calvaire, il voulait lui faire partager les angoisses de sa douloureuse agonie au jardin des Oliviers.

Comme autrefois saint François de Sales lorsqu'il faisait ses études à Paris, M. Perboyre fut en butte pendant plusieurs mois à une violente tentation de désespoir. Persuadé que son nom était rayé du livre de vie et qu'il était destiné à brûler éternellement dans l'enfer, il lui semblait n'avoir désormais rien à attendre de la miséricorde divine. Il ne voyait plus en Dieu qu'un juge sévère, justement irrité contre lui par suite de ses innombrables péchés et de l'abus qu'il avait fait de tant de grâces. Il avait beau prier, Dieu semblait rejeter sa prière et le repousser lui-même avec colère et mépris. Son crucifix, au pied duquel il goûtait autrefois tant de consolation, son crucifix était devenu muet; ou plutôt de ses plaies sacrées, comme d'autant de bouches, semblaient ne sortir que des reproches et des arrêts de condamnation. Il ne trouvait de soulagement à sa peine, ni près du tabernacle, ni dans la célébration du saint sacrifice, pendant laquelle il s'imaginait renouveler le crime de Judas.

Sa santé même ne tarda pas à en ressentir le contrecoup : le sommeil fuyait ses paupières et toute nourriture lui était devenue insipide. Chaque jour on le voyait pâlir davantage et se dessécher comme une plante aux ardeurs du soleil; et il aurait infailliblement succombé, si Dieu n'eût mis un terme à cette épreuve.

10. Mais Notre-Seigneur eut pitié de son fidèle serviteur et daigna lui apparaître attaché à la croix, jetant sur lui un regard rempli d'une bonté ineffable, et lui disant affectueusement : « Que crains-tu? Ne suis-je pas mort pour toi? Mets ta main dans mon sacré côté et ne redoute plus d'être damné. » La vision disparut alors, laissant dans l'âme du saint missionnaire une paix délicieuse, que rien désormais ne devait plus troubler. Chose remarquable, l'effrayante maigreur que lui avait causée cette épreuve disparut en même temps, et dès le lendemain on n'en voyait plus aucune trace.

« C'est lui-même, disait plus tard Mgr Baldus, qui m'a raconté ce fait, dans une conversation que j'avais avec lui dans notre résidence de Kou-Tchen-Kieng, et je remarquai qu'il mettait cet événement sur le compte d'une tierce personne. Pour ne pas lui laisser croire que j'étais dupe de sa pieuse supercherie, je lui dis sur-le-champ : « Je sais bien de qui vous parlez; c'est « à vous que cela est arrivé. » Son embarras, ses réponses évasives, furent pour moi une démonstration qui valait un aveu complet. » Cette vision fut comme l'apparition de l'ange à Notre-Seigneur dans la grotte de l'agonie : *Apparuit autem illi angelus confortans eum.* (Luc, XXII, 43.) Elle le fortifia et le prépara aux derniers et terribles combats qui allaient mettre si glorieusement fin à sa course apostolique.

CHAPITRE VII

SON ARRESTATION. — INTERROGATOIRES QU'IL SUBIT JUSQU'A SON DÉPART POUR OU-TCHANG-FOU

1. Persécution dans le Hou-Pé. — 2. Pillage et incendie de la résidence des Missionnaires. — 3. Fuite du vénérable serviteur de Dieu. — 4. Trahi par un des siens, il est arrêté et maltraité. — 5. Interrogatoire qu'il subit à Kouang-In-Tam. — 6. Départ pour Kou-Tchen-Kieng ; acte de bienfaisance d'un païen. — 7. A Kou-Tchen-Kieng, il est traduit devant le mandarin militaire. — 8. Il comparaît ensuite devant le mandarin civil. — 9. Conduit à Siang-Yang-Fou, il est traduit devant le gouverneur de la ville. — 10. Puis devant un mandarin de premier ordre, enfin devant le tribunal fiscal, où on le soumet à une indigne et bien douloureuse épreuve.

1. Quand le serviteur de Dieu pénétra en Chine, il existait une loi, portée en 1794 par l'empereur Kieng-Lung, qui proscrivait la religion chrétienne et condamnait tous ceux qui en feraient profession à la peine de mort, s'ils étaient Européens, et seulement à l'exil, s'ils étaient Chinois. L'application de cette loi avait déjà valu à l'Eglise de Chine plusieurs persécutions, dont la plus violente, après celle de 1805, eut lieu en 1820, et procura au vénérable Clet la palme du martyre.

Depuis longtemps cependant, les chrétiens, et en particulier ceux du Hou-Pé, jouissaient d'une assez grande tranquillité, quand tout à coup la persécution de nouveau s'alluma. Elle commença dans la ville de Nan-Kiang, où l'on se saisit d'abord de quelques chrétiens. Parmi ceux-ci se trouvait un jeune homme, fils du catéchiste Peng-Tim-Siang, qui, effrayé par les menaces des satellites et persuadé par leurs caresses, trahit misérablement ses frères, indiqua leurs noms, leurs demeures et les lieux où ils se réunissaient avec les missionnaires. Des ordres furent aussitôt donnés au mandarin de Kou-Tchen-Kieng pour se saisir des uns et des autres. Une troupe de soldats, conduite par deux commissaires du vice-roi de Ou-Tchang-Fou, deux mandarins militaires et un autre petit mandarin civil, fut dirigée vers la résidence des missionnaires à Tcha-Yuen-Keou, petit village du département de Kou-Tchen-Kieng, près du marché de Kouang-In-Tam. M. Perboyre s'y trouvait avec son confrère M. Baldus, un missionnaire de la Propagande, de passage dans le Hou-Pé, le P. Joseph Rizzolati, capucin italien, et un prêtre chinois, M. Ouan, qui s'étaient réunis pour célébrer ensemble, avec l'octave de la Nativité, la fête du Saint-Nom de Marie. On était, en effet, au dimanche 15 septembre 1839, et les chrétiens de ce pays étaient venus entendre la sainte messe et assister aux autres exercices religieux qui remplissaient la journée du dimanche. La dernière messe venait de finir, et quelques fidèles étaient encore à l'église avec MM. Perboyre et Baldus et le P. Rizzolati. Tout à coup, un chrétien chinois, nommé Tom-Ta-Youn, vient en toute hâte annoncer que la persécution a éclaté, et que les soldats marchant sur l'église, sous la conduite des mandarins, ne sont plus qu'à une petite distance, ajoutant qu'il n'y a pas de temps à perdre, et que chacun doit, par une prompte fuite, pourvoir à sa sûreté.

2. M. Baldus et le P. Rizzolati ne tardent pas à suivre ce conseil. Mais l'intrépide serviteur de Dieu ne peut se résoudre à abandonner le troupeau qui lui est si cher; il veut se persuader et persuader aux autres que le danger n'est pas imminent. Cependant, l'on entend déjà les soldats qui approchent, et tout le monde fuit, excepté lui, qui ne songe enfin à se dérober au danger que quand toute illusion devient impossible et qu'il voit clairement ne pouvoir s'exposer davantage sans témérité. Il recueille alors, comme il peut, les choses sacrées qu'il veut soustraire à la profanation, et sort par une porte secrète, au moment où les satellites envahissent l'église. Furieux de voir qu'ils ont laissé échapper leur proie, ils se saisissent de ce qu'ils trouvent de plus précieux dans l'église et dans la maison des missionnaires; puis ils brûlent les papiers et les livres avec si peu de précaution que tout devient bientôt la proie des flammes, et que même un mandarin n'y échappe qu'avec peine.

3. Cependant le vénérable serviteur de Dieu avait réussi à se cacher dans une forêt de bambous peu éloignée de l'église. La nuit étant venue, il quitta sa retraite pour se rendre dans la maison du catéchiste Ly-Tsou-Hoa et y prendre quelque nourriture dont il avait grand besoin, après les fatigues et les émotions de la journée. Celui-ci lui coupa la barbe, afin qu'on pût moins facilement le reconnaître pour un Européen, et le conduisit, à trois cents pas de là, passer la nuit chez son cousin, père du catéchiste Ly-Tsou-Kouei.

Mais, afin de ne point compromettre ses hôtes, le

lendemain 16 septembre avant l'aurore, le vénérable fugitif abandonna son nouvel asile pour se cacher dans une forêt voisine, accompagné de son serviteur Thomas Sin-Ly-Siam, d'un autre chrétien Ouan-Kouan-King et de Ly-Tsé-Mim, père du catéchiste Ly-Tsou-Hoa.

4. Cette retraite était sûre et l'aurait certainement dérobé à toutes les recherches, si, pour le rendre sans doute plus conforme à son divin modèle, la Providence n'eût permis qu'il fût, lui aussi, trahi par un des siens. Le néophyte Kioung-Lao-San, nouveau Judas, par crainte ou par avarice, découvrit aux soldats, à prix d'argent, le lieu où il était caché. Ceux-ci aussitôt entourent la forêt, et, semblables à des bêtes féroces, la parcourent dans tous les sens pour découvrir leur proie. Deux d'entre eux tombent enfin sur le serviteur de Dieu et ses trois compagnons, qui, se voyant supérieurs en nombre, songent d'abord, la fuite étant impossible, à repousser les agresseurs par la force. Thomas Sin-Ly-Siam le propose aussitôt à son maître; mais celui-ci, se souvenant que Jésus au jardin de Gethsémani, ne voulut pas permettre à saint Pierre de se servir de son épée, défendit aussi à son brave et dévoué serviteur d'user de violence. Thomas obéit, et, à l'exception de Ly-Tsé-Mim, qui parvint à s'enfuir, tous les autres chrétiens cachés dans cette forêt tombèrent au pouvoir de leurs ennemis.

Ceux-ci, qui n'avaient point tardé à se rallier tous autour du saint Missionnaire, se jettent sur lui avec fureur, le saisissent par la queue de ses cheveux et le traînent sur le sommet de la montagne. Là, ils le dépouillent de tous ses vêtements, ne lui laissant en échange que quelques méchants haillons, lui lient les mains derrière le dos, lui assènent trois coups de sabre sur les épaules, et le conduisent, chargé de chaînes, au marché de Kouang-In-Tam. Le serviteur de Dieu supporte patiemment et avec courage tous ces mauvais traitements, et ne laisse échapper ni une plainte ni un cri de douleur.

5. Arrivé à Kouang-In-Tam, il comparaît devant le mandarin civil Liou, de la ville de Kou-Tchen-Kieng, qui pour lors s'y trouvait attendant le prisonnier. « C'était pitié de le voir, dit un témoin oculaire, n'ayant d'autre vêtement qu'une chemise et un caleçon malpropres et en lambeaux, une chaîne au cou et les mains liées derrière le dos, entouré de satellites qui lui tiraient les oreilles et la queue de ses cheveux[1] pour lui faire regarder le mandarin devant lequel il était à genoux. » Celui-ci lui ayant demandé s'il était Européen et chef de la fausse secte des chrétiens, il répondit aussitôt, sans craindre les nouveaux tourments ni la mort même que pouvait lui attirer sa réponse : « Je suis Européen et missionnaire catholique. » Le mandarin, plein de colère, le fit alors séparer de ses compagnons de captivité, charger de nouvelles chaînes et transporter, pieds et mains liés, chez un païen nommé Haou, que sa cruauté proverbiale avait fait surnommer San-Pao-Tsou, c'est-à-dire tigre au troisième degré,

1. Les Chinois, comme on le sait, sont dans l'usage de laisser pousser leurs cheveux qu'ils attachent et laissent retomber par derrière, en forme de queue.

et dans la boutique duquel il devait passer la nuit. Huit hommes choisis parmi les plus riches de l'endroit, et par là même moins susceptibles d'être gagnés à prix d'argent pour laisser évader le captif, furent chargés de veiller près de lui et de le garder avec soin jusqu'au lendemain.

6. De grand matin, le mardi 17 septembre, ordre est donné aux soldats de conduire leur prisonnier à la ville de Kou-Tchen-Kieng, fort distante de Kouang-In-Tam. Mais le vénérable serviteur de Dieu, brisé par les cruels traitements qu'on lui avait fait subir, épuisé de faim et de fatigue, était incapable de faire à pied ce trajet. Déjà cependant le douloureux cortège était en marche, et le vaillant athlète de Jésus-Christ, arrêté sur la place publique et entouré d'une foule haineuse, essuyait toutes sortes d'injures et d'outrages, lorsqu'un païen nommé Lieu-Kioun-Lin, syndic de l'endroit, se sent à cette vue ému de compassion. Il s'approche, demande et obtient la permission de faire transporter le prisonnier sur une litière dont il paye les porteurs, et l'accompagne lui-même jusqu'à la ville. Cette bonne action ne resta pas sans récompense. Le vénérable serviteur de Dieu, profondément touché, remercia d'abord affectueusement son bienfaiteur; mais là ne devait point se borner sa reconnaissance. Lorsqu'il eut cueilli la palme du martyre, comme il sera raconté dans la suite, il apparut à ce païen compatissant et lui obtint, peu de temps avant sa mort, la grâce du saint baptême.

7. Arrivé à Kou-Tchen-Kieng, où de plus grands

tourments l'attendaient, le serviteur de Dieu comparut d'abord devant un mandarin militaire, qui lui demanda qui il était et quel motif l'avait poussé à pénétrer dans l'empire chinois. « Je suis Européen, répondit-il, venu ici pour propager la religion catholique et exhorter les hommes à fuir le mal et à faire le bien. » Le mandarin, peu touché de cette solennelle profession de foi, répliqua que c'était faux et qu'il n'avait d'autre but que de tromper les citoyens du Céleste-Empire. Mais le serviteur de Dieu ne répondit à cette injure que par le silence. Il ne daigna pas répondre davantage à la proposition qui lui fut faite de renier sa foi, se contentant d'indiquer par un signe négatif de la tête, et l'horreur qu'elle lui inspirait, et l'accueil qu'il lui faisait. Le mandarin, irrité de son silence, le fit souffleter par les satellites, frapper d'une centaine de coups de bambou et jeter en prison. Mais là aucun repos ne fut laissé à ce pauvre corps déjà si tourmenté et si affaibli, et on l'affligea de nouvelles souffrances, que le généreux confesseur supporta avec une douceur et une patience admirables.

8. Le lendemain, conduit au tribunal du mandarin civil, il fut soumis à un nouvel interrogatoire. Parmi les effets enlevés aux missionnaires se trouvaient les divers objets destinés au culte sacré. Le mandarin les fit apporter au tribunal, et, prenant successivement le calice, le missel, les ornements sacrés et tout ce qui sert au saint sacrifice de la messe, il demanda au serviteur de Dieu quel usage on en faisait. Celui-ci répondit qu'on s'en servait pour offrir un sacrifice en

l'honneur de Dieu. Et comme on lui demandait s'il était Européen et chef d'une secte fausse et impie : « Je suis Européen, dit-il, et missionnaire, non d'une secte fausse et impie, mais de la seule religion véritable. » Le mandarin, montrant alors la boîte aux saintes huiles, lui demanda si elle ne contenait point l'eau qu'il avait exprimée des yeux arrachés aux malades[1] : « Jamais, répondit-il, je n'ai commis un pareil crime. »

En même temps que M. Perboyre, le mandarin avait fait comparaître devant lui une vierge chrétienne, nommée Anna Kao, prise dans la même persécution. A son occasion il insulta grossièrement le serviteur de Dieu, qui, à ses ignobles questions, se contenta de répondre que les missionnaires et les vierges chrétiennes vouaient et gardaient la chasteté; qu'ils se livraient séparément à leurs occupations respectives, et que les vierges n'étaient point employées au service des missionnaires, ceux-ci se faisant servir par des hommes qui les accompagnaient dans leurs voyages.

Enfin, le mandarin tenta de lui faire renier sa foi en mettant à terre un crucifix et lui ordonnant de le fouler aux pieds. Mais le vaillant confesseur répondit : « Jusqu'à la mort je refuserai de renier ma foi et de fouler aux pieds le crucifix. » Et comme le mandarin ajoutait : « Si tu n'abjures, je te mettrai à mort, » il répondit : « Fort bien, je serai heureux de mourir pour ma foi. » Aussitôt il reçut sur les joues, par l'ordre du mandarin, quarante coups d'une forte lanière de cuir, et

1. On sait que c'est là un des préjugés les plus accrédités contre les chrétiens parmi les païens chinois.

son visage en fut horriblement meurtri et défiguré. On le reconduisit alors en prison, où de nouveau il fut livré aux satellites.

C'était la troisième fois que le serviteur de Dieu confessait généreusement la foi devant ses juges, sans que les cruels supplices auxquels il était soumis pussent lui arracher un seul mot, un seul signe susceptible d'être pris pour une apostasie. Ne semblerait-il pas que Dieu, content de tels gages d'amour, s'apprêtait déjà à les récompenser, et que le généreux confesseur touchait à cette mort bienheureuse, objet de ses plus ardents désirs, de son attente calme et joyeuse? Non, de plus grands combats devaient encore ici-bas être son partage, parce que là-haut une plus belle couronne lui était réservée.

9. Après plusieurs interrogatoires subis devant les mandarins civils et militaires de Kou-Tchen-Kieng, et accompagnés des plus cruels traitements, le serviteur de Dieu fut conduit par les soldats à Siang-Yang-Fou, ville de premier ordre située à une distance de cent quarante lieues. Le voyage se fit par eau sur le fleuve Han-Kong, et fut pour le vénérable serviteur de Dieu l'occasion de nouvelles souffrances. Jeté dans une barque, pieds et mains liés, et séparé des autres prisonniers chrétiens, tandis qu'à ceux-ci on donnait la nourriture et la boisson dont ils avaient besoin, l'une et l'autre lui furent constamment refusées durant toute la durée de ce long trajet.

Arrivé enfin à Siang-Yang-Fou, il demeura plusieurs jours enfermé dans une horrible prison, où ne lui furent épargnés ni injures, ni mauvais traitements. Au jour fixé, il fut traduit d'abord devant le tribunal du gouverneur de la ville, qui lui fit subir un nouvel interrogatoire, lui posa les mêmes questions relatives à sa qualité d'Européen et de missionnaire catholique, et au motif qui l'avait poussé à venir en Chine, et en reçut les mêmes réponses. Le mandarin alors lui proposa de fouler le crucifix déposé à ses pieds, mais le serviteur de Dieu répondit simplement et avec fermeté : « Jamais je ne le ferai. » Voyant que ses menaces demeuraient inutiles, le gouverneur crut pouvoir plus sûrement arriver à ses fins par des raisonnements tels que les font parfois entendre en Europe les prétendus savants de l'école moderne : « Que pourras-tu gagner, dit-il, en adorant ton Dieu? — Le salut de mon âme, répondit le confesseur; le ciel, où j'espère monter après ma mort. — Insensé, reprit le mandarin, l'as-tu jamais vu le paradis? » Puis se tournant vers les autres chrétiens captifs : « Je vais vous enseigner ce qu'est le paradis et ce qu'est l'enfer. Être comblé dans cette vie de richesses et d'honneurs, voilà le paradis; être au contraire, comme vous aujourd'hui, condamné à mener une vie pauvre, souffrante et misérable, voilà l'enfer. » Sur cette parole vraiment digne d'Épicure, il leva la séance et fit reconduire le vénérable serviteur de Dieu dans sa prison.

10. Dix jours après il fut conduit devant un mandarin de premier ordre de la même ville, qui le traita avec assez de modération et se contenta de lui demander depuis quand il était arrivé en Chine; question in-

sidieuse, à laquelle M. Perboyre sut habilement répondre, de manière à ne compromettre aucunement les intérêts de la religion.

Mais au tribunal fiscal, devant lequel, suivant les lois du pays, il dut ensuite comparaître, l'attendait une tempête plus furieuse encore que celles qu'il avait essuyées jusque-là : il allait y être cruellement torturé, et dans son corps et dans son âme, et dans sa foi de chrétien et dans sa dignité d'homme. Tao-Taï, président de ce tribunal suprême de la cité, n'écoutant que sa cruauté, le fit souvent souffleter au moyen d'une forte lanière de cuir ; puis il ordonna qu'on le suspendît à une poutre par les deux pouces fortement liés ensemble. Enfin il le contraignit à demeurer près de quatre heures, au prix des plus cruelles souffrances, à genoux, les jambes nues, sur des chaînes de fer. Le vénérable serviteur de Dieu supporta ces affreuses tortures, non seulement avec constance, mais le visage serein, et sans faire entendre la moindre plainte.

Le tyran cependant réservait à son âme des tourments bien plus cruels que ceux dont il avait affligé son corps. Il commença par essayer de lui faire abjurer sa foi en l'obligeant à fouler aux pieds le crucifix. Mais n'y pouvant réussir, il attaqua à la fois par une indigne calomnie, et son honneur, et celui de la vierge Anna Kao, qui subisssait en ce moment le même interrogatoire et partageait le même supplice. Mais Dieu sans doute ne permit ce nouvel outrage que pour rendre plus grande la gloire de son serviteur. Feignant de ne point croire aux dénégations dignes mais énergiques du chaste missionnaire, le mandarin le soumit à un examen plus pénible que la mort. Son innocence cependant en sortit victorieuse, et l'épreuve tourna à la honte de ses juges. Cependant la douleur que ressentit à cette occasion son âme délicate fut si violente, qu'il demeura presque sans connaissance, et que sa vie même sembla être en danger.

Le farouche tyran, craignant alors de voir sa proie lui échapper, fut contraint de faire trêve à ses cruautés.

Un mois s'était écoulé au milieu de ces divers interrogatoires, qui avaient si bien mis en lumière l'héroïque patience du serviteur de Dieu, lorsqu'on jugea bon de l'envoyer à Ou-Tchang-Fou, métropole de la province du Hou-Pé, pour y entendre le jugement qui devait être porté sur son compte en dernier ressort.

CHAPITRE VIII

CE QU'IL SOUFFRE A OU-TCHANG-FOU

1. Il est conduit à Ou-Tchang-Fou. — 2. Horrible prison dans laquelle il est jeté. — 3. Il subit deux interrogatoires au tribunal des crimes. — 4. Il comparaît ensuite devant le président du tribunal civil. — 5. Indignes traitements qu'il reçoit de la part de chrétiens apostats. — 6. Sa prière dans la prison. — 7. Cruauté du vice-roi de Ou-Tchang-Fou. — 8. Le serviteur de Dieu est soumis par lui à d'horribles tortures, qu'il supporte avec une patience héroïque. — 9. Après un mois d'intervalle, nouveaux interrogatoires, nouveaux supplices. — 10. Touchant témoignage d'amour envers le crucifix. — 11. Il refuse d'adorer une idole. — 12. Scène de dérision dont il est l'objet. — 13. Sa patience inaltérable au milieu des supplices le fait accuser de magie. — 14. Dernier interrogatoire, où le vice-roi épuise contre lui toute sa rage. — 15. État auquel est réduit le généreux confesseur quand on le reporte dans sa prison.

1. Le voyage de Siang-Yang-Fou à Ou-Tchang-Fou fut long et pénible pour M. Perboyre et ses compagnons de captivité, la vierge Anna Kao et une dizaine d'autres, qui, grâce aux exemples et aux exhortations du serviteur de Dieu, avaient courageusement persévéré dans la confession de leur foi. Celui-ci, qui n'avait parmi eux d'autre privilège que celui de recevoir de plus mauvais traitements, se distinguait aussi par une plus inaltérable constance, une patience plus héroïque. Il fut jeté dans une barque, les fers au cou, aux mains et aux pieds, ayant, par devant, les bras attachés perpendiculairement à une barre de fer fixée à un collier du même métal, ce qui gênait tous ses mouvements. De plus, durant tout le trajet,

aucune insulte, aucune cruauté ne lui fut épargnée ; et cependant toutes ces souffrances pouvaient être considérées comme légères auprès de celles qui l'attendaient au terme du voyage.

Arrivés à Ou-Tchang-Fou, les prisonniers furent présentés à un petit mandarin, qui prit leurs noms ; puis on les conduisit dans ces affreuses prisons où sont jetés les plus grands scélérats.

2. On se ferait difficilement une idée de tout ce que dut souffrir le serviteur de Dieu dans cet horrible séjour. Là se trouvait réuni tout ce qui peut rendre une prison insupportable et lasser la patience la plus héroïque. La cupidité insatiable des geôliers les poussait à torturer les prisonniers avec des raffinements de barbarie, pour en obtenir de l'argent, ou pour contraindre les parents et les amis à contenter leur avarice. La nourriture était insuffisante et l'air imprégné de miasmes fétides. Comme les détenus ne pouvaient jamais sortir un seul instant sous aucun prétexte, la prison devenait un véritable fumier, dont il fallait nuit et jour respirer l'infection. De cette corruption naissait une quantité incalculable d'insectes dégoûtants et de vermine immonde, qui dévoraient tout vivants les malheureux prisonniers et souillaient leurs vêtements. La nuit, pour rendre toute tentative d'évasion impossible, on leur enfermait un pied dans une espèce d'étau en bois fixé dans la muraille. Une mesure aussi inhumaine rendait bien plus dures encore les rigueurs de la captivité. Non seulement, en effet, la circulation du sang était ainsi gênée dans le membre devenu im-

mobile et plongé dans un pénible engourdissement, mais encore le pauvre patient, privé de la liberté de ses mouvements, se trouvait par là même dans une situation des plus gênantes. Les suites de ce traitement furent telles pour M. Perboyre qu'une partie de son pied tomba en pourriture, et qu'un de ses orteils se dessécha entièrement. La patience inaltérable avec laquelle il supporta ce supplice comme tous les autres excita l'admiration et lui concilia l'affection de ses gardiens eux-mêmes, qui voulurent l'en dispenser. Mais, s'étant aperçu que c'était, pour les prisonniers dont il partageait le sort, une occasion de murmures et de propos inconvenants, le vénérable serviteur de Dieu demanda et obtint d'être traité comme les autres. Il reprit donc ses entraves qu'il endura joyeusement jusqu'à la mort, c'est-à-dire pendant les huit ou neuf mois qu'il passa dans cette espèce d'enfer.

Mais ce que le vénérable serviteur de Dieu y trouvait de plus pénible, c'était la société de cette multitude de scélérats familiarisés avec tous les crimes, qui ne gardaient aucune retenue, ni dans leurs paroles, ni dans leurs actes; dont la bouche ne s'ouvrait que pour vomir les propos les plus obscènes, ou des malédictions, des imprécations et des blasphèmes. C'était là, pour son âme religieuse, un supplice bien plus intolérable que tous ceux dont son corps était victime.

3. Il ne sortait de cet horrible séjour que pour paraître devant ses juges qui, dans la seule ville de Ou-Tchang-Fou, lui firent subir plus de vingt interrogatoires. Il comparut d'abord devant le tribunal des

crimes. Après diverses questions semblables à celles qu'on lui avait déjà posées précédemment et auxquelles il fit les mêmes réponses, il reçut du mandarin l'ordre d'abjurer sa foi. Et comme il s'y refusait énergiquement, il fut mis à genoux, plusieurs heures durant, les jambes nues sur des chaînes de fer et des fragments de pots cassés. Pendant qu'il était dans cette position, vint à passer près de lui un autre confesseur de la foi, Stanislas Tem-Ting-Fou, traduit devant le même tribunal, et qui lui demanda l'absolution sacramentelle. M. Perboyre la lui donna aussitôt devant toute l'assemblée en traçant sur lui le signe de la croix, remplissant ainsi l'office de juge de miséricorde en face des magistrats iniques qui le traitaient avec tant de barbarie. Trois jours après, Stanislas mourait dans sa prison par suite des mauvais traitements endurés pour l'amour de Jésus-Christ. Ce ne fut point la seule fois qu'il fut donné au serviteur de Dieu d'exercer, dans des circonstances analogues, son ministère de paix et de réconciliation.

Peu de temps après ce premier interrogatoire, il comparut une seconde fois devant le même mandarin, qui insista de nouveau pour savoir quel motif l'avait amené en Chine, et qui traita de folies ses réponses pleines de sagesse.

4. On le conduisit alors devant le président du tribunal civil, qui lui posa encore les mêmes questions et donna ainsi au serviteur de Dieu une nouvelle occasion de confesser sa foi ; ce qu'il fit avec fermeté, refusant également de dénoncer les chrétiens et les prêtres dont on cherchait à connaître les noms et la

demeure. Le mandarin le fit alors mettre à genoux, les jambes nues sur des chaînes de fer, les mains élevées et chargées d'une forte pièce de bois qu'il lui fallut soutenir ainsi depuis neuf heures du matin jusqu'au soir. Des satellites avaient ordre de le frapper rudement toutes les fois que, vaincu par la fatigue ou la souffrance, il laisserait fléchir ses bras, ou tomber cette pièce de bois. Cette nouvelle torture si longue et si horrible ne put cependant abattre le courage du généreux confesseur, qui la supporta avec la même patience et la même égalité d'âme.

5. Dans un nouvel interrogatoire, le même mandarin lui reprocha d'avoir trompé le peuple par ses supercheries et d'avoir ainsi attiré sur les chrétiens actuellement traduits à son tribunal tous les maux dont ils étaient accablés. Affectant alors envers ceux-ci une fausse pitié, il leur ordonna de renoncer à ces tromperies dont ils étaient victimes, et de châtier celui qui les avait ainsi induits en erreur, en le frappant et le maudissant, lui arrachant les cheveux et lui crachant au visage. Plusieurs de ces chrétiens se refusèrent à une pareille infamie et confessèrent généreusement leur foi. Mais les autres, au nombre de cinq, eurent la lâcheté d'apostasier et d'obéir au tyran. Ces outrages, d'autant plus sensibles au serviteur de Dieu qu'ils lui étaient infligés par ses enfants et ses frères dans la foi, il les supporta cependant avec la même patience et la même douceur, sans adresser à personne aucun reproche, sans faire entendre la moindre plainte.

6. Rentré dans sa prison, il ne manquait jamais de

remercier Dieu avec effusion des grâces qu'il venait de lui accorder, le conjurant de pardonner à ses bourreaux et de soutenir jusqu'au bout son courage. La prière était ainsi pour lui ce qu'est, pour une fleur, une douce et fraîche rosée qui relève sa tige languissante : il y puisait toujours une nouvelle force, qui le rendait capable de soutenir de nouveaux combats.

7. Cette force surnaturelle allait lui être bien nécessaire au tribunal du vice-roi, devant lequel il n'avait pas encore comparu, mais qui devait mettre sa patience à de rudes épreuves et lui préparer ainsi de bien beaux triomphes. Cet homme s'était fait dans tout l'Empire la réputation d'une cruauté féroce. A la vue des criminels qu'on lui amenait, il entrait dans des transports de fureur et les traitait avec une barbarie à peine croyable. Parfois même, emporté par la rage et oubliant ce qu'il devait à son rang et à sa dignité, il s'élançait de son siège, se précipitait sur les accusés, et de ses propres mains leur arrachait les yeux. Mais lorsqu'il avait affaire à des chrétiens, sa fureur ne connaissait plus de bornes ; il leur portait une haine infernale et avait juré de détruire leur religion dans toute la province.

8. Le serviteur de Dieu parut donc devant cet homme farouche, déclara qu'il était prêtre de la religion chrétienne et confessa de nouveau sa foi avec une dignité ferme et calme. Le vice-roi se fit alors apporter une image de la sainte Vierge très bien peinte, qui avait été enlevée aux missionnaires dans le pillage de leur résidence.

Puis il accusa le serviteur de Dieu d'avoir extrait les couleurs, dont on s'était servi pour peindre ce tableau, des yeux qu'il avait arrachés aux malades, et, pour le punir d'avoir répondu qu'il ne s'était jamais rendu coupable de pareil crime, il le fit demeurer pendant plusieurs heures suspendu par les cheveux.

Il serait impossible de décrire tous les raffinements de barbarie inventés par ce monstre pour lasser la patience du saint missionnaire, le forcer à renier sa foi et lui faire dénoncer les prêtres et les chrétiens qu'il connaissait. Dans une de ces horribles séances, on l'attacha par les mains à une espèce de croix, à laquelle il demeura suspendu depuis neuf heures du matin jusqu'au soir. Tantôt on le liait à une grande machine qui l'élevait en l'air au moyen de cordes et de poulies et le laissait ensuite retomber à terre de tout son poids, de sorte que tout son corps en était comme brisé et ses membres disloqués. Tantôt, pendant qu'il était à genoux sur des chaînes de fer et presque suspendu à un poteau par les cheveux, les bras en croix violemment tendus par une corde et liés à une pièce de bois, on plaçait sur ses mollets un soliveau aux extrémités duquel deux hommes se balançaient, ce qui causait au patient les plus affreuses tortures.

Afin de varier les épreuves, parfois on le faisait asseoir sur un siège assez élevé pour que ses pieds ne pussent toucher terre, et auquel on le fixait avec des cordes violemment serrées autour des cuisses; puis on suspendait à ses pieds des pierres d'un poids énorme, ce qui lui occasionnait dans les genoux des douleurs intolérables. D'autres fois, au contraire, le siège sur lequel on le fixait de la même manière lui permettait de poser ses pieds à terre; mais alors on lui faisait passer avec effort sous la plante des pieds de grosses pierres, qui lui causaient des douleurs non moins atroces. Dans une autre circonstance on grava sur son front, au moyen d'un fer rouge, les quatre caractères suivants : *Sie-Kiao-Ho-Tchoum*, qui signifient *propagateur d'une secte abominable*.

Après chacun de ces douloureux interrogatoires, le serviteur de Dieu était tellement affaibli dans son corps qu'il ne pouvait plus ni marcher ni se tenir debout, et qu'on était obligé de se servir d'une civière pour le porter dans sa prison. Mais au milieu de tant de supplices, il ne perdait rien de son calme ni de sa sérénité. Non seulement on ne l'entendit jamais proférer une plainte ni pousser un cri de douleur, mais on voyait encore briller sur son visage la joie toute surnaturelle dont son âme était pleine.

Cependant, voyant l'épuisement de sa victime, le vice-roi lui accorda une trêve d'un mois environ pour lui laisser reprendre quelques forces et pouvoir ensuite exercer sur lui plus longtemps sa rage insatiable.

9. Au bout de ce temps, le serviteur de Dieu comparut de nouveau devant son persécuteur, qui, l'ayant mis à la question, lui ordonna de dire quelle route il avait suivie pour pénétrer dans l'intérieur de la Chine, dans quelles maisons il s'était arrêté et quels étaient ceux qui avaient favorisé son entrée. Mais, ne pouvant

obtenir un seul mot de réponse du charitable et prudent missionnaire, il lui fit donner, d'une épaisse férule en cuir, quinze coups sur le visage. Puis il lui demanda par quel breuvage mystérieux il avait rendu insensibles à tous les tourments les chrétiens, que rien jusque-là n'avait pu déterminer à renier leur foi. Et comme le serviteur de Dieu répondit simplement qu'il ne leur avait donné aucun breuvage, dix nouveaux coups de la même férule sur la figure furent le prix de sa réponse.

Lui ayant ensuite demandé si la vierge Anna Kao n'était pas employée à son service, sur sa réponse négative, il le fit mettre à genoux sur des chaînes de fer, les mains attachées à un poteau, tandis qu'un des satellites, le saisissant par la queue de ses cheveux, l'agitait et le soulevait violemment.

Au bout d'une heure de ce supplice, il lui présenta la boîte aux saintes huiles en lui disant : « N'est-ce pas là le breuvage dont vous vous servez pour fasciner les chrétiens et les empêcher de renoncer à leur religion? — Ceci n'est pas un breuvage, » répondit le confesseur; et quarante coups de bambou sur les cuisses suivirent cette réponse.

10. Plusieurs fois, durant cet interrogatoire, le vice-roi le somma de déclarer les noms et la demeure des prêtres, des catéchistes et des chrétiens; et toujours il garda un profond silence. On le souffleta, on l'outragea indignement pour le forcer à parler; on le mit à la torture, on le flagella de la manière la plus cruelle, mais rien ne put lui faire ouvrir la bouche. Un

mandarin, cependant, lui ayant demandé s'il était chrétien, il répondit aussitôt : « Oui, je suis chrétien, je m'en fais gloire et honneur. » Ce mandarin alors fait apporter et placer devant lui un crucifix et lui dit : « Si tu veux fouler aux pieds ce Dieu que tu adores, je te rendrai la liberté. » A cette proposition impie, le confesseur s'écrie, les yeux remplis de larmes : « Eh ! comment pourrais-je faire cette injure à mon Dieu, mon Créateur et mon Sauveur ? » Et, se baissant péniblement, car son corps était tout meurtri, il saisit la sainte image, l'arrose de ses larmes, la presse sur son cœur, la colle à ses lèvres et la couvre des baisers les plus tendres et les plus affectueux. A cette vue un des satellites, inspiré par l'enfer, s'élance sur le serviteur de Dieu, lui arrache l'image sacrée du Sauveur et la souille d'une manière indigne. Cette horrible profanation brise le cœur du chaste missionnaire qui pousse un cri de douleur, montrant ainsi qu'il était plus sensible à une injure faite à son Dieu qu'à ses propres tourments. Cent dix coups de *pan-tsé*[1] furent la récompense de son admirable profession de foi.

11. Un autre mandarin, lui témoignant de la compassion, l'engagea doucement, en promettant de le sauver, à marcher seulement sur des croix que l'on avait fait peindre sur le parquet. « Je ne puis pas, » répondit simplement et avec fermeté le serviteur de Dieu. Et comme les satellites, sur l'ordre qu'ils en

1. Le *pan-tsé* est un instrument de supplice usité en Chine et qui consiste en un long et gros bâton de bambou. Le patient est couché par terre, sur la face, et on le frappe sur les reins avec ce bâton.

avaient reçu, le saisissaient pour le forcer à marcher sur ces croix, il s'écria à haute voix : « Je suis chrétien; ce n'est pas moi, mais vous qui profanez ce signe auguste de notre rédemption. » Le juge impie fit alors apporter une idole et promit de lui rendre la liberté s'il voulait l'adorer. Le généreux athlète répondit avec fermeté : « Vous pouvez, si vous voulez, me faire couper la tête, mais je ne consentirai jamais à adorer cette idole. »

12. A l'impiété et à la cruauté le mandarin voulut joindre la moquerie. Ayant fait apporter les ornements sacrés enlevés aux missionnaires, lors du pillage de leur résidence, il ordonna à M. Perboyre de s'en revêtir. Celui-ci d'abord garda le silence et sembla réfléchir profondément; puis, regardant le mandarin avec calme, il lui dit qu'il allait obéir. Sans doute, il venait de penser aux scènes de dérision auxquelles Notre-Seigneur avait bien voulu se prêter chez Hérode et au prétoire de Pilate, et il était heureux de boire après lui au calice des mêmes humiliations. A peine fut-il revêtu des ornements sacerdotaux, qu'il se fit aussitôt dans le tribunal une grande clameur. Juges et satellites, tous s'écrièrent : « Voilà le dieu Fô! voilà le Fô vivant! »

13. Quand, à l'exemple de son Maître, le serviteur de Dieu eut ainsi été rassasié d'opprobres, revenant aux saintes huiles et aux calomnies déjà si souvent répétées à ce sujet, le mandarin voulut l'obliger à s'avouer coupable des crimes qu'on lui imputait si faussement. Et comme il s'y refusait, il reçut encore

quarante coups de bambou. Brisé par ce barbare traitement, les yeux éteints et fermés, comme il ne pouvait ni se lever, ni se tenir à genoux, les satellites, le saisissant par les cheveux, le relevèrent plusieurs fois, le laissant ensuite retomber à terre ; puis ils lui ouvrirent les yeux afin de le forcer à regarder le vice-roi, qui, de nouveau, lui demanda à combien de personnes il avait arraché les yeux. Il répondit encore qu'il n'était pas coupable de ce crime, et aussitôt il reçut dix nouveaux coups de bâton qu'il supporta avec une patience toujours aussi admirable. Le vice-roi, étonné et ne pouvant comprendre qu'un homme endurât tant de souffrances avec un si grand calme, commença à soupçonner qu'il avait quelque secret pour se rendre insensible. Dix autres coups n'ayant pu altérer la tranquillité du patient, il lui posa de nouvelles questions qui demeurèrent sans réponse, soit que le serviteur de Dieu ne pût parler, soit qu'il regardât comme inutile de réfuter si souvent les mêmes calomnies. Irrité de son silence, le vice-roi ordonna à ses satellites de lui donner encore quinze coups de bâton; et comme sa victime demeurait toujours muette, il lui dit : « Quoi ! je te fais frapper, et tu ne réponds pas ? » Ce silence héroïque le confirma dans la pensée qu'il avait sur lui quelque objet dont la vertu secrète enlevait le sentiment de la souffrance, et, pour le découvrir, il le fit dépouiller de tous ses vêtements. Un bandage, que, par suite d'une infirmité, le serviteur de Dieu était obligé de porter depuis plusieurs années, parut au tyran être le magique talisman qu'il cherchait. Aussitôt, malgré les protestations du serviteur de Dieu et l'évidence de son infirmité, il lui fit sans pitié arracher son appareil, et, pour détruire le prétendu charme, il usa d'un spécifique fort accrédité dans les superstitions chinoises : il fit égorger un chien dont il força le confesseur à boire le sang tout fumant, après qu'on lui en eut frotté la tête. Enfin, comme pour apposer sa signature à tant de cruautés, il fit imprimer sur les jambes du patient son sceau de mandarin.

14. Après un si long et si terrible interrogatoire, on rapporta dans sa prison le serviteur de Dieu, qui paraissait n'avoir plus qu'un souffle de vie. Cependant, dès le lendemain, on le ramena au tribunal pour lui faire subir des épreuves encore plus cruelles. Le vice-roi, furieux de n'avoir pu le réduire la veille, lui pose de nouveau les mêmes questions, en assurant qu'il le forcera bien à avouer tous ses crimes. Le serviteur de Dieu répond qu'il n'a rien à ajouter à ce qu'il a déjà dit. Aussitôt, sur un signe du mandarin, on le dépouille, on le fait coucher par terre et on lui applique sur le dos dix coups de bâton. Le mandarin répète ensuite ses calomnies contre le saint missionnaire et lui adresse une foule de questions insidieuses qui demeurent sans réponse. Il lui fait alors donner dix nouveaux coups, en disant qu'il désirait en vain mourir promptement; qu'il saurait bien le torturer encore fort longtemps, chaque jour, par de nouveaux supplices, et qu'il n'aurait la mort qu'après avoir épuisé les souffrances des plus atroces tourments.

Cela dit, il ordonne de le suspendre au chevalet, sur lequel les bourreaux le torturent pendant une heure. On l'en dépose, presque mort, aux pieds du vice-roi, qui l'insulte et lui demande ironiquement s'il se trouve bien, pendant que les satellites lui ouvrent les yeux pour l'obliger à regarder son persécuteur.

Cependant le tyran n'est point satisfait. Il veut à tout prix triompher de la constance du martyr, et le presse vivement de donner une réponse satisfaisante aux questions qu'il lui a posées, et de s'avouer coupable des crimes qu'on lui impute. Mais il ne peut obtenir de réponse. Exaspéré de ce silence, il fait cruellement accabler de coups le saint missionnaire, dont ni le bâton ni la férule ne peuvent vaincre l'héroïque fermeté. On raconte qu'à la vue de cette constance invincible, le vice-roi, ne se possédant plus de rage et croyant que les bourreaux ne frappaient pas avec assez de force, s'élança de son siège et, s'armant lui-même de l'instrument meurtrier, déchargea sur sa victime des coups si terribles et si multipliés, que les spectateurs regardèrent sa mort comme infaillible et imminente. Cet acte de férocité indigna les païens eux-mêmes : tous, mandarins et satellites, protestèrent contre une pareille cruauté envers un homme qu'on n'avait pu convaincre d'aucun crime, et dont ils ne pouvaient s'empêcher d'admirer la patience et la douceur.

15. On reporta alors dans sa prison, presque expirant, le saint confesseur, qui, de l'aveu des satellites,

avait reçu ce jour-là plus de deux cents coups. Les gardiens en le recevant, voyant dans quel état il était, se sentirent émus de compassion, et, pour que ses habits tout trempés de sang ne se collassent point aux chairs meurtries, ils s'empressèrent de les lui ôter et de les laver. Le catéchiste André Fong, qui le vit dans sa prison lorsqu'on le dépouillait de ses vêtements, a déclaré que son visage était enflé d'une manière prodigieuse ; que ses chairs étaient tellement meurtries et labourées par les coups, que des morceaux pendaient çà et là et que d'énormes lambeaux en avaient été enlevés ; qu'enfin ses membres ne formaient plus qu'une plaie et que, semblable à notre divin Sauveur dans sa Passion, il n'avait plus même l'apparence d'un homme. Mais, dans un corps ainsi broyé et mis en pièces, l'âme du saint confesseur, soutenue par la vertu divine, supportait toutes ces souffrances avec une admirable sérénité, et son regard, rayonnant à travers les meurtrissures de son visage, montrait combien il s'estimait heureux d'avoir été jugé digne de souffrir quelque chose pour le nom de Jésus. Aussi, quand le catéchiste Fong rentra dans la prison, il trouva le serviteur de Dieu à genoux et en prière.

CHAPITRE IX

LE MARTYRE (11 SEPTEMBRE 1840)

1. Énergique résistance qu'il oppose aux derniers efforts tentés par le vice-roi pour le faire apostasier. — 2. Il attend huit mois dans sa prison que sa sentence de mort soit ratifiée par l'empereur. — 3. Il peut se confesser et donner de ses nouvelles à ses confrères. — 4. Adoucissements apportés aux rigueurs de sa captivité. — 5. Il ne peut recevoir la sainte communion. — 6. Admiration qu'il inspire aux criminels qui partagent sa prison. — 7. Sainte joie que lui causent ses souffrances. — 8. La ratification impériale à peine arrivée, il est sur-le-champ conduit au supplice. — 9. Ses derniers moments; son glorieux martyre. — 10. Son corps devient aussitôt un objet d'étonnement et d'admiration. — 11. Pieuse supercherie dont on use pour obtenir ses restes précieux et leur rendre les derniers devoirs. — 12. Il est enseveli auprès du vénérable Clet.

1. On était arrivé au milieu du mois de janvier 1840, et les juges du vénérable confesseur, vaincus par son invincible patience, résolurent de cesser une lutte qui était si peu à leur avantage.

Le vice-roi, cependant, avant de prononcer la sentence, voulut tenter un nouvel effort pour faire apostasier le serviteur de Dieu et les autres chrétiens qui, à son exemple, avaient généreusement persévéré dans leur confession de foi. « Nous ayant fait amener devant son tribunal, dit l'un d'entre eux, il nous tint ce langage : « Votre sentence va être prononcée. Toi, « Tong-Ouen-Sio (nom chinois de M. Perboyre), tu « dois être étranglé ; et vous, qui n'avez cessé de ré- « sister aux ordres de vos supérieurs et n'avez point « voulu apostasier, vous allez être envoyés en exil. Je

« veux cependant encore essayer de vous sauver : re-« niez votre foi, et aussitôt vous serez libres, sinon, « vous aurez le châtiment que vous méritez. » Le vénérable serviteur de Dieu répondit le premier : « Plu-« tôt mourir que de renier la foi. » Et nous fîmes tous la même réponse. Le vice-roi, irrité de notre constance, ajouta : « Vous ne voulez donc point re-« noncer à vos erreurs? Eh bien! signez votre propre « condamnation, en traçant de votre main, sur cette « feuille, le signe de la croix. » Aussitôt, le vénérable serviteur de Dieu, prenant le pinceau chinois qu'on lui présentait, peignit une croix sur cette feuille, et nous en fîmes tous autant. »

2. Cependant, comme une sentence capitale ne pouvait recevoir son exécution qu'après avoir été ratifiée par l'empereur, M. Perboyre dut attendre encore huit mois les ordres de Péking. On a peine à comprendre comment il put survivre si longtemps à tant de supplices, le corps déchiré, les chairs en lambeaux, les os mis à découvert, dans l'antre immonde qui lui servait de prison et où, incapable de s'asseoir ou de se tenir debout, il devait presque toujours demeurer couché.

Cependant la consigne sévère, qui avait jusque-là rigoureusement interdit au serviteur de Dieu toute communication avec le dehors fut un peu relâchée, et quelques chrétiens purent arriver jusqu'à lui. M. Perboyre en profita pour demander à l'un de ses premiers visiteurs qu'on lui amenât un prêtre, de qui il pût recevoir les secours de la religion. Cette consolation lui fut accordée, et l'un de ses confrères chinois, M. Yang, put pénétrer dans sa prison. Mais en y entrant, quel spectacle s'offrit à ses regards! A la vue du généreux confesseur gisant à terre à demi-mort, les membres déchirés et couverts de plaies livides, il ne put retenir ses larmes, et ce n'est qu'à grand'peine qu'il lui fut enfin possible de maîtriser son émotion et de prononcer quelques paroles.

3. Le serviteur de Dieu profita de cette courte entrevue pour se confesser et pour donner de ses nouvelles à ses confrères, dans une petite lettre écrite en latin et tachée du sang qui coulait de ses mains. Voici ce qu'il leur écrivait : « Les circonstances du lieu et du temps ne me permettent pas de vous donner de longs détails sur ma position : vous les connaîtrez abondamment par d'autres voies. Lorsque je fus arrivé à Kou-Tchen-Kieng, j'y fus traité avec assez d'humanité pendant tout le temps que j'y restai, malgré que j'y eusse subi deux interrogatoires, à l'un desquels je fus obligé de rester, pendant toute une demi-journée, les genoux nus sur des chaînes de fer et suspendu à la machine *han-tsé*[1]. A Ou-Tchang-Fou, j'ai subi plus de vingt interrogatoires, et dans presque tous j'ai souffert diverses tortures, parce que je ne voulais pas dire ce que les mandarins voulaient savoir[2]. Si je l'eusse

1. On appelle ainsi une machine placée au-dessus de la tête du patient, et à laquelle sont attachés les deux pouces réunis des deux mains et la queue des cheveux de la tête. Ainsi suspendu, et ayant les genoux nus sur des chaînes de fer, il lui est impossible de faire le moindre mouvement sans éprouver de cruelles souffrances.

2. Ce que les mandarins voulaient savoir, c'étaient les noms et la demeure des chrétiens, des catéchistes et des missionnaires.

dit, certainement il se serait allumé aussitôt une persécution générale dans tout l'Empire. Cependant, ce que j'ai souffert à Sang-Yang-Fou était directement pour la cause de la religion. A Ou-Tchang-Fou, j'ai reçu cent dix coups de *pan-tsé*, parce que je n'ai pas voulu fouler aux pieds la croix. Plus tard, vous apprendrez d'autres circonstances. De vingt chrétiens environ qui furent pris et traduits avec moi, les deux tiers ont apostasié publiquement. »

4. A partir de cette époque, le confesseur de la foi fut souvent visité par les chrétiens, et particulièrement par le catéchiste André Fong, qui lui rendit de nombreux services. Il fut même soigné avec beaucoup de dévouement par un médecin païen, qui frappé de sa patience et de sa douceur, lui témoignait beaucoup d'intérêt. Il put aussi recevoir des habits, une couverture et un matelas, ce qui adoucit un peu les rigueurs de sa captivité.

5. Il y avait cependant une nourriture après laquelle il soupirait avec d'autant plus d'ardeur qu'il en était privé depuis plusieurs mois : c'était la divine Eucharistie. Mais ce pain céleste ne pouvait arriver jusqu'à lui sans être exposé à des profanations ; car, dans la crainte qu'on ne l'empoisonnât pour le soustraire à l'exécution qui l'attendait, ses gardiens avaient ordre de goûter tout ce qu'on lui apporterait. Il lui fallut donc renoncer à cette consolation, et cette privation ne fut pas la moindre de toutes celles qu'il eut à endurer dans sa prison.

6. Ses compagnons de captivité, infâmes scélérats,

dont les cœurs endurcis par le crime étaient peu accessibles aux sentiments nobles et généreux, ne purent cependant échapper au charme qu'exerçait sur tous ceux qui l'approchaient le serviteur de Dieu. Chaque jour, témoins d'une si sainte vie, et en particulier de sa parfaite modestie, ils ne purent s'empêcher d'admirer tant de vertus. Éprouvant pour lui des sentiments d'estime et de respect qui, pour la première fois peut-être, trouvaient accès dans leur âme, ils le plaignaient tout haut et ne craignaient pas de dire qu'il méritait une condition meilleure.

7. Quant à lui, bien loin de considérer son état comme digne de compassion, il ne pouvait assez se féliciter de son bonheur, et les souffrances qui remplissaient ses jours et ses nuits avaient pour lui un charme secret, car il savait qu'elles le rendaient de plus en plus conforme à son divin modèle. Et s'il désirait encore quelque chose, c'était, comme le grand Apôtre, de voir enfin briser les liens qui le retenaient ici-bas loin de l'objet de tout son amour. *Desiderium habens dissolvi et esse cum Christo.* (Phil., I, 23.)

8. Cependant le moment approchait où ce désir allait être réalisé. Le 11 septembre 1840, un courrier impérial apporta l'édit qui ratifiait la sentence de mort et qui, suivant l'usage établi en Chine, devait sur-le-champ recevoir son exécution. Aussitôt donc, et sans que le jugement eût été rendu public, on enleva de sa prison, comme à l'improviste, le serviteur de Dieu pour le mener au supplice. C'était un vendredi, et, par une disposition providentielle qui devait lui donner

un nouveau trait de ressemblance avec son divin Maître, on voulut rendre son exécution plus ignominieuse en le conduisant à la mort avec cinq malfaiteurs : *Et cum sceleratis reputatus est.* (Is., LIII, 12.)

Le jugement néanmoins, on ne sait trop pourquoi, n'avait pas été rendu public, ce qui explique comment les chrétiens, n'en étant pas instruits, n'assistèrent pas au supplice. Il n'y en eut qu'un seul qui se trouva par hasard sur le passage du cortège, et qui fut témoin du martyre. C'est à lui que l'on doit les détails qui suivent.

Le vénérable serviteur de Dieu marchait nu-pieds et n'ayant d'autre vêtement qu'un caleçon recouvert de la robe rouge des condamnés. Ses mains étaient liées derrière le dos et tenaient une longue perche, au bout de laquelle flottait un drapeau portant écrite la sentence de mort prononcée contre lui : *Et imposuerunt super caput ejus causam ipsius scriptam.* (Matth., XXVII, 37.) Mais, chose étonnante, il avait recouvré toutes ses forces, ses plaies ne paraissaient plus, et sa chair était devenue pure et nette comme celle d'un enfant. Son visage, brillant d'une beauté et d'un éclat tout surnaturels, respirait une sainte joie, et ses lèvres à demi-voix murmuraient des prières.

Il est d'usage en Chine de mener les criminels au supplice avec précipitation et au pas de course. Chacun des condamnés est accompagné de deux satellites qui l'emportent plutôt qu'ils ne le conduisent. Cette marche accélérée, jointe au roulement des cymbales, donne aux exécutions capitales un caractère de terreur qui frappe les Chinois d'épouvante. C'est de la sorte que le saint confesseur parvint au lieu où il devait consommer son sacrifice. Les païens, avertis par le bruit des cymbales, y étaient accourus en foule; mais, sachant la patience et la douceur que le serviteur de Dieu avait montrées dans son horrible prison et au milieu des tortures devant les tribunaux, ils murmuraient de ce qu'on allait mettre à mort un homme égal aux dieux, disaient-ils, par sa bonté.

9. En attendant que le moment de son supplice arrivât, il se mit à genoux pour prier, et les païens furent émus en voyant son attitude calme et recueillie. Le chrétien qui se trouvait là, obligé de mettre les mains devant son visage pour cacher ses larmes, les entendit s'écrier : « Voilà l'Européen qui se met à genoux et qui prie. »

Enfin, lorsque les cinq criminels qui l'avaient accompagné eurent été décapités, ce fut le tour du serviteur de Dieu, dont le supplice devait être plus long et plus douloureux. Le bourreau commença par le dépouiller de la robe rouge qu'on lui avait mise, ne lui laissant que son caleçon; puis il l'attacha au gibet qui avait la forme d'une croix. Ses deux mains, ramenées sur le dos, furent liées à la pièce transversale, et ses deux pieds repliés par derrière lui donnaient l'attitude d'un homme à genoux, à cinq ou six pouces au-dessus de terre. L'exécuteur lui mit alors au cou la corde qui devait l'étrangler; les extrémités de cette corde, passant par un trou pratiqué à cet effet dans le montant vertical de la croix, à la hauteur de la tête, étaient attachées derrière ce montant à un bâton qui devait servir à produire la fatale torsion. Mais, comme pour mieux faire sentir à sa victime les horreurs de la mort, en lui donnant le temps de se reconnaître, le bourreau tordit la corde deux fois, avant de donner enfin à la troisième la pression décisive. Le corps paraissant pourtant conserver encore quelque reste de vie, un satellite voulut le lui arracher, en lui portant, avec le pied, un rude coup dans le bas ventre. Cette circonstance rappelle involontairement la lance du soldat qui ouvrit le côté du Sauveur, et rend plus frappante encore la ressemblance que l'on a déjà remarquée entre la Passion du Maître et celle de son fidèle disciple. Comme Jésus-Christ, trahi par un des siens, traîné de tribunal en tribunal, et soumis à toutes sortes de souffrances et d'humiliations, sans laisser jamais échapper aucune plainte, M. Perboyre est injustement condamné à mort, conduit au supplice avec d'infâmes scélérats, traité plus cruellement qu'eux, et enfin attaché un vendredi à une croix, sur laquelle il rend à Dieu sa belle âme. Oh! nous n'en doutons point, généreux athlète, saint martyr, qui avez si courageusement confessé Jésus-Christ au milieu des supplices, et répandu votre sang pour son amour, vous n'avez partagé ici-bas sa vie souffrante et humiliée, que pour partager ensuite dans le ciel son glorieux triomphe : *Si compatimur, ut et conglorificemur !* (Rom., VIII, 17.)

10. Cette conviction s'imposait alors déjà à tous ceux qui l'avaient connu durant sa vie, qui avaient été témoins de sa constance au milieu des tourments, et qui

virent les choses extraordinaires par lesquelles il plut à Dieu de glorifier son serviteur, dès qu'il eut rendu le dernier soupir. Son corps, en effet, devint aussitôt un objet d'étonnement et d'admiration. Loin de présenter l'aspect horrible qu'offrent les cadavres des suppliciés lorsqu'ils ont subi ce genre de mort, il resplendissait d'une beauté extraordinaire et bien supérieure à celle qu'il avait de son vivant. Son visage n'était point livide, mais frais et vermeil, ses yeux, au lieu de sortir de leur orbite d'une manière effrayante, étaient modestement baissés. La langue ne sortait pas hors de la bouche qui était fermée, et dont les lèvres semblaient sourire. Enfin, ses membres ne portaient plus aucune trace des cruels traitements qu'on lui avait fait subir. Bien plus, sa tête était entourée d'une lumineuse auréole, dont l'éclat resplendissant fut aperçu par un grand nombre de témoins. Un païen fut tellement frappé de faits si merveilleux, qu'aussitôt il se convertit au christianisme.

11. Ce prodige put d'autant plus facilement être constaté que, d'après les ordres du vice-roi, le saint corps dut rester jusqu'au lendemain exposé sur le gibet. Les chrétiens profitèrent de cet intervalle pour racheter des satellites les vêtements du martyr, et surtout sa précieuse dépouille. Pour obtenir celle-ci, sans compromettre personne, il fallut recourir à une pieuse surpercherie, à laquelle ceux qui étaient chargés de l'ensevelir, gagnés à prix d'argent, consentirent à se prêter. Chargés du riche fardeau dont il connaissaient si peu le prix, en se rendant au lieu désigné

pour la sépulture, ils passèrent par un chemin écarté et s'arrêtèrent, sous quelque prétexte, devant une maison qui leur avait été indiquée. Là, ils trouvèrent un cercueil rempli de terre, qu'ils s'empressèrent d'emporter, laissant en échange celui qui contenait les restes du vénérable serviteur de Dieu. Les chrétiens aussitôt lavèrent avec respect et amour ces membres qui avaient tant souffert pour Jésus-Christ, et les revêtirent de riches et magnifiques vêtements, qu'ils avaient passé toute la nuit précédente à confectionner.

12. Puis, ayant rendu au saint corps les derniers devoirs, ils l'ensevelirent honorablement sur le versant de la montagne Rouge, à côté d'un frère d'armes qui l'avait précédé, à vingt ans de distance, dans la glorieuse carrière du martyre. On se souvient comment, à son premier passage à Ou-Tchang-Fou, lorsqu'il se rendit à sa mission du Ho-Nan, M. Perboyre aurait voulu pouvoir visiter et saluer cette tombe. La Providence alors ne le lui permit point, se réservant d'unir après la mort, dans le ciel, les âmes des deux martyrs, et sur la terre, dans un même tombeau, leurs glorieuses dépouilles. C'est ainsi que la mort réunit en effet les deux vénérables serviteurs de Dieu, Jean-François-Régis Clet et Jean-Gabriel Perboyre, qui avaient eu dans leur vie tant de traits de ressemblance, et que leurs vertus avaient rendus si aimables à Dieu, aux anges et aux hommes : *Amabiles in vitâ suâ, in morte quoque non sunt divisi.* (II Reg., I, 23.)

Un pèlerin qui, un an après, avait le bonheur de

prier sur cette tombe, écrivait : « On ne voit pas de marbre ciselé sur la terre qui recouvre les ossements des deux glorieux enfants de saint Vincent de Paul; mais Dieu semble s'être chargé lui-même des frais du mausolée. Des plantes rampantes et épineuses, assez semblables par la forme à l'acacia d'Europe, croissent naturellement sur les deux tombes. Au-dessus de ce tapis de verdure, surgissent à profusion des mimosas remarquables de fraîcheur et d'élégance. En voyant toutes ces brillantes corolles s'échapper à travers un épais tissu d'épines, on pense involontairement à la gloire dont sont couronnées dans le ciel les souffrances des martyrs. »

CHAPITRE X

VIE POSTHUME DU BIENHEUREUX MARTYR

(1840-1890)

1. Vénération inspirée par M. Perboyre déjà de son vivant, et qui devient après sa mort comme un véritable culte. — 2. Apparition d'une croix lumineuse. — 3. Le Bienheureux apparaît lui-même à un païen qui se convertit. — 4. Guérison extraordinaire de la sœur Antoinette Vincent, à Constantinople. — 5. Autre guérison non moins extraordinaire de la sœur Marguerite Bouyssié, à la Maison-Mère des Filles de la Charité, à Paris. — 6. Châtiment dont la justice de Dieu frappe les persécuteurs du bienheureux Jean-Gabriel. — 7. Translation de ses précieuses dépouilles dans la Maison-Mère de la Congrégation de la Mission, à Paris. — 8. La béatification.

1. De son vivant déjà, et avant même d'avoir souffert tant de tourments pour le nom de Jésus-Christ, M. Perboyre inspirait à tous ceux qui l'approchaient une véritable vénération. L'on a même souvent entendu dire au P. Rizzolati, ce missionnaire capucin qui se trouvait de passage à la résidence de Tcha-Yuen-Keou lorsque éclata la persécution : « Quand même M. Perboyre n'eût point remporté la palme du martyre, ses vertus héroïques lui auraient mérité de monter sur les autels[1]. »

Mais lorsqu'il eut si courageusement confessé sa foi et qu'une mort bien précieuse aux yeux du Seigneur

1. Devenu depuis vicaire apostolique du Hou-Kouang, Mgr Rizzolati rendit le même témoignage dans un document officiel qu'il adressa au Saint-Siège.

eut couronné ses glorieux combats, cette vénération se changea en une espèce de culte. Dieu lui-même sembla du reste l'autoriser par des faits extraordinaires, dans lesquels on a reconnu, au cours du procès de béatification, tous les signes d'une intervention surnaturelle. Leur nombre est fort considérable, et nous devrons nous contenter d'en rapporter ici seulement quelques-uns.

2. C'est d'abord l'apparition d'une croix lumineuse qu'un missionnaire de Chine raconte en ces termes : « Quand M. Perboyre fut martyrisé, une croix grande, lumineuse et très régulièrement dessinée apparut dans les cieux. Elle fut aperçue par un grand nombre de fidèles habitant diverses chrétientés très distantes les unes des autres. Beaucoup de païens furent aussi témoins de ce prodige, et quelques-uns s'écrièrent : « Voilà le signe qu'adorent les chrétiens, je renonce « aux idoles, je veux servir le Maître du ciel. » Ils ont en effet embrassé le christianisme, et Mgr Clauzetto leur a administré le baptême. Quand Monseigneur apprit les faits que je viens de rapporter, il n'y ajouta pas d'abord grande importance. Mais depuis, frappé du nombre et de l'importance des témoignages, il fit une enquête dans les formes, d'où il résulte : qu'une croix grande, lumineuse et bien formée a apparu dans les cieux ; qu'elle a été vue à la même époque, de même forme, de même grandeur, et sur le même point du ciel, par un grand nombre de témoins chrétiens et païens; que ces témoins habitaient des districts très éloignés les uns des autres, et qu'ils n'avaient pu avoir

ensemble aucune communication. Monseigneur a de plus interrogé les chrétiens qui avaient connu M. Perboyre, et tous ont déclaré qu'ils l'avaient toujours regardé comme un grand saint. »

3. Le serviteur de Dieu apparut lui-même après sa mort à diverses personnes dont le témoignage ne peut être révoqué en doute. Une fois même il se montra à un païen : à ce païen bienfaisant nommé Lieu-Kioun-Lin, qui, l'on s'en souvient, l'avait à ses frais fait porter en litière, du marché de Kouang-In-Tam à la ville de Kou-Tchen-Kieng. Voici comment il sut lui payer avec usure sa dette de reconnaissance : Lieu-Kioun-Lin, étant tombé malade quelques années après la mort du serviteur de Dieu, se vit bientôt conduit aux portes du tombeau. Pendant qu'on désespérait de sa vie, et que lui-même était absorbé par les pensées les plus désolantes, M. Perboyre lui apparut au haut d'une échelle de couleur rouge; tout auprès se trouvait une autre échelle de couleur blanche, par laquelle il invitait le malade à venir le rejoindre. Il lui disait : « Vous souffrez beaucoup, n'est-ce pas, là où vous êtes ? Eh bien ! venez où je suis, en montant par cette échelle blanche, et vous serez heureux ». Le malade alors essaya de monter; mais comme le démon, sous la forme d'un monstre horrible, s'efforçait de l'en empêcher, il prononça le saint nom de Jésus, dont il connaissait par les chrétiens toute la vertu, et aussitôt la vision disparut. Se rappelant alors toutes les circonstances de l'apparition, ainsi que les exhortations réitérées par lesquelles, de son vivant, le bienheureux Jean Gabriel

s'était efforcé d'ouvrir ses yeux à la lumière, il déclara devant tous les siens, et à leur grande surprise, qu'il voulait se faire chrétien. Puis il fit venir un catéchiste qui, le trouvant suffisamment instruit, lui donna le baptême ; et quelques jours après il rendait pieusement à Dieu son âme régénérée.

4. Voici, dans un autre ordre de choses, un fait non moins extraordinaire, une guérison que plusieurs médecins ont déclarée miraculeuse.

Il y avait à Constantinople, dans une maison de Filles de la Charité, une sœur nommée Antoinette Vincent, qui était appliquée à faire la classe aux enfants. Tout le monde l'aimait, tant pour sa bonté et sa douceur à toute épreuve qu'à cause du dévouement sans bornes avec lequel elle s'acquittait de son emploi. Aussi ce fut une douleur universelle quand on apprit qu'elle était tombée malade.

L'indisposition dont elle souffrait était déjà de date assez ancienne. Une douleur aiguë par intervalles se faisait sentir au côté, et ne semblait disparaître à certains moments que pour reparaître peu de temps après avec plus de violence. Neuf ans s'étaient écoulés dans ces alternatives quand, au mois de décembre 1841, les douleurs devinrent plus fortes et plus constantes, sans laisser à la patiente un instant de répit. La sœur, pleine de courage et de vertu, continua encore trois semaines entières à faire sa classe, au milieu des plus affreuses souffrances. Mais, vaincue enfin par le mal, elle dut se résigner à se mettre au lit, et ce fut seulement alors que l'on découvrit le véritable caractère de la maladie.

C'était un abcès intérieur qui, après plusieurs années d'une formation lente et progressive, venait de se percer, et, par la gangrène qui dès lors était inévitable, mettait dans un danger imminent les jours de la malade. C'est ce que constatèrent les médecins, suivant le témoignage de sa supérieure : « La sœur Antoinette, dit-elle, ayant été condamnée par plusieurs médecins, nous en appelâmes d'autres qui décidèrent, en ma présence et à l'unanimité, que l'abcès qui s'était formé au côté gauche avait ulcéré la rate et occasionné un tel désordre dans la région du cœur, que son existence ne pouvait se prolonger que de quelques jours. Ils ne voulurent même pas apposer leur signature à leur consultation, disant que ce serait signer un *extrait mortuaire.* » L'un d'eux eut le courage vraiment chrétien d'avertir la malade et dit en lui montrant le crucifix : « Voilà Celui qui seul, à défaut de la science impuissante, peut vous rendre la santé. » La sœur Antoinette reçut alors dans d'admirables dispositions les derniers sacrements et l'indulgence de la bonne mort, et l'on s'attendait à chaque instant à lui voir rendre le dernier soupir.

Cependant on n'avait pas attendu la parole du médecin pour recourir aux moyens surnaturels, et déjà deux neuvaines de prières à notre bienheureux martyr avaient été commencées à deux jours d'intervalle, l'une par les compagnes de la sœur malade, et l'autre par les enfants auxquelles elle faisait la classe. Celles-ci y mettaient une si grande ferveur que, joignant le sacrifice à la prière, elles allaient jusqu'à se priver des petites douceurs auxquelles on tient tant à cet âge, pour pouvoir acheter les cierges de la neuvaine.

On était au vendredi soir 21 janvier 1842, cinquième jour de la neuvaine des sœurs et troisième de celle des enfants ; et la malade baissait de plus en plus. Le râle qui venait de commencer, la couleur terreuse de son visage, l'odeur de cadavre que déjà elle exhalait, tout annonçait qu'elle n'avait plus que quelques heures à vivre, quand tout à coup elle s'endormit profondément d'un sommeil doux et paisible qui dura trois heures. A son réveil, il était minuit : se sentant soulagée et fortifiée, elle s'assit sur son lit, et palpa son côté, où elle ne ressentait plus aucune douleur. Elle essaya alors de prendre de la nourriture, du bouillon, du raisin, des quartiers d'orange, qui se trouvaient à sa portée : tout lui paraissait d'un goût excellent. Elle se doutait bien que quelque chose d'extraordinaire s'était opéré en elle ; mais, craignant d'être le jouet de son imagination, elle n'osait y croire, encore moins le dire. Elle s'était du reste si bien faite à l'idée de la mort, l'avait acceptée si généreusement et même avec tant de joie, qu'il lui en coûtait de voir se prolonger son exil, et qu'elle préférait se croire victime d'une illusion.

Les témoins de cette scène n'osaient non plus croire à une guérison : « Nous nous aperçûmes bien, dit sa supérieure, que sa respiration et tous les traits de son visage avaient repris leur état naturel ; les marques de gangrène ne paraissaient plus, et l'odeur infecte qu'elle répandait avait disparu. Mais nous n'osions nous fier à ces symptômes consolants, beaucoup de malades ayant de ces faux mieux avant de mourir. »

Bientôt cependant aucun doute ne fut plus possible. Le matin étant venu, elle voulut se lever ; en ayant obtenu la permission, elle s'habilla toute seule, fit son lit, monta sans aucun appui les trois étages qui la séparaient de la chapelle, et après avoir remercié Notre-Seigneur de ce qu'il avait bien voulu faire pour elle, elle alla visiter une de ses compagnes malade. La supérieure, les sœurs, les enfants, tout le monde était dans l'admiration. Le médecin de la maison n'était pas moins surpris, mais avant de se prononcer sur un fait si étrange il voulut examiner la malade. Ayant donc palpé le siège du mal, il déclara qu'il ne restait plus à la vérité qu'une partie de la rate, mais que la plaie était entièrement cicatrisée et la guérison parfaite, ce qui ne pouvait s'expliquer que par un miracle. Les autres médecins consultants, parmi lesquels se trouvait un juif, furent tous du même avis ; l'un d'eux même refusa de toucher ses honoraires, disant qu'il se reprocherait comme une injustice de se faire payer pour une œuvre dont Dieu seul était l'auteur.

5. Une autre fille de la Charité fut, à Paris, vers la même époque, l'objet d'une guérison tout aussi remarquable. Elle se nommait Marguerite Bouyssié et était, en 1841, âgée de vingt et un ans. « D'une santé faible, dit le médecin de la Maison-Mère, qui la soigna, le docteur J. Ratheau, d'un tempérament lympathique, ayant eu plusieurs maladies et surtout une assez grave à l'hôpital où elle faisait son postulat pour être fille de la Charité, elle fut prise, le 2 avril, d'une pleuro-

pneumonie très forte. Malgré les saignées, soit générales, soit locales, et les boissons adoucissantes, le mal s'aggrava tellement qu'on fut obligé de l'administrer. Cependant, petit à petit, les accidents diminuèrent d'intensité, et elle revint à une quasi convalescence; alors on lui conseilla l'air de la campagne, qui ne lui fit aucun bien. »

C'est à cette époque, c'est-à-dire dans les premiers jours d'août, qu'elle quitta l'hôpital où elle postulait pour aller à la Maison-Mère faire son noviciat. C'est alors aussi que le docteur Ratheau commença à lui donner des soins.

« Le diagnostic, dit-il, fut facile à établir. Nous vîmes que nous avions affaire à une pleuro-pneumonie mal jugée par un engorgement du poumon et par un épanchement de pus qui occupait près des trois quarts de la cavité de la plèvre gauche, et sur un sujet dont la poitrine était mauvaise et même menacée de tubercules au sommet des poumons, s'il n'en existait pas déjà. Ajoutons à cela l'état général de la malade, et notre pronostic ne put être que fâcheux.

« Cependant nous conseillâmes tous les moyens employés par l'art : exutoires sur le côté malade, diurétiques calmants, action générale sur la peau par les bains. Aucun moyen intérieur ni extérieur ne fut supporté; par conséquent aucun effet ne fut produit. La malade s'affaiblissait de jour en jour ; on se décida à lui faire prendre l'air de la campagne à quelques lieues de Paris; j'y consentis. Elle partit le 16 août, mais son état s'aggrava encore : les vomissements redoublèrent.

8

« On la ramena à Paris quatre jours après son départ, ne voulant pas, disait-elle, mourir autre part que dans sa maison. Les symptômes continuèrent ainsi jusqu'au 22 août, jour où elle désira faire une neuvaine pour invoquer l'entremise d'un nouveau confesseur de la foi martyrisé en Chine, M. Jean-Gabriel Perboyre.

« Jusqu'au 25, les douleurs allèrent en augmentant; le 25 même, au matin, elles furent portées à un très haut degré. Ayant voulu se lever pour qu'on pût faire son lit, elle ne put rester que quelques minutes; la suffocation était imminente. Aussitôt qu'elle fut recouchée, elle s'assoupit; instantanément la peau se couvrit d'une sueur froide, puis brusquement elle sortit de cet état en disant : « Je suis guérie, donnez-moi à « manger; j'ai bien faim. » Il était midi moins un quart. On crut au délire; mais voyant son bien-être réel, ses compagnes lui donnèrent un potage, une côtelette avec un gros morceau de pain; et cela ne suffisant pas encore pour satisfaire la faim qui la dévorait, elles y ajoutèrent trois pommes de terre cuites sous la cendre. Tout cela se digéra parfaitement.

« Elle se leva immédiatement après, ayant recouvré toutes ses forces, assista à la récréation avec ses compagnes, soupa avec elles et dormit d'un très bon sommeil. Le lendemain elle travailla toute la journée à étendre du linge et, la nuit suivante, elle veilla les malades. »

Quelques jours après d'abord, et ensuite le 4 octobre suivant, voulant bien s'assurer de la réalité de cette guérison, le docteur Rhateau soumit la sœur Bouyssié à un examen des plus minutieux, et il put constater que tous les organes, qui avaient été si gravement compromis, se trouvaient alors parfaitement sains et ne conservaient pas la moindre trace d'affection morbide. Aussi écrivait-il, à la date du 5 octobre 1841 :

« Je le demande à tout médecin probe et consciencieux : est-ce là la terminaison naturelle d'une maladie de cette nature ? Sans doute quelques-uns en guérissent ; mais nous savons aussi ce qu'il nous en coûte de soins, et après quelles convalescences interminables, qui bien souvent se terminent par la mort ; combien de médecins n'en font pas tous les jours la triste expérience ! Nous connaissons toute la longueur des convalescences dans ces maladies ; et ici où est la convalescence ? Nous ne voyons que le passage brusque de la maladie la plus grave à la santé la plus parfaite.....

« De tous ces faits, nous devons tirer la conclusion suivante : Cette guérison doit être considérée comme l'effet d'une cause non naturelle, et, pour parler plus clairement, comme l'effet d'un miracle. »

6. A ces conversions ou guérisons extraordinaires, au moyen desquelles il a plu à la miséricorde divine de manifester la puissance de son serviteur, on pourrait joindre les coups dont la justice de Dieu a frappé ses injustes persécuteurs, et par lesquels il a, dès ici-bas, vengé son innocence. Le mandarin de Kou-Tchen-

Kieng, qui l'avait fait arrêter, fut peu de temps après destitué de sa charge et se pendit de désespoir. Le vice-roi de Ou-Tchang-Fou, véritable bête fauve, qui avait épuisé contre ce doux et tendre agneau les traits les plus cruels d'une rage féroce et barbare, fut bientôt aussi condamné à l'exil par l'empereur pour ses cruautés ; et le peuple, trouvant le châtiment trop léger, aurait voulu le mettre en pièces. C'est ainsi qu'autrefois Hérode mourut honteusement et cruellement dévoré par les vers, et que Pilate, exilé dans les Gaules par le gouvernement romain, finit aussi, dit-on, par se donner la mort.

7. N'avions-nous pas raison de dire que Dieu lui-même a bien voulu autoriser, par des miracles de miséricorde ou de justice, l'espèce de culte dont notre Bienheureux a été l'objet aussitôt après sa mort? Aussi n'est-il pas étonnant que la Maison-Mère de la famille religieuse à laquelle il appartient, et qui se fait gloire de le compter parmi ses enfants, ait tenu à posséder ses précieuses dépouilles. Dès 1858 elles furent exhumées par les soins de Mgr Spelta, vicaire apostolique du Hou-Pé, reconnues par Mgr Delaplace, vicaire apostolique du Tché-Kiang, et enlevées à cette terre chinoise si inhospitalière, pour être rendues à la France, sa chère patrie. Voici comment M. Étienne, qui gouvernait alors la double famille de saint Vincent de Paul, lui fait connaître cette translation dans une circulaire datée de Paris, le 1er janvier 1861 :

« Dès l'ouverture de cette année 1860, le 6 janvier, la bonté divine a voulu réaliser notre vœu le plus cher et notre plus douce espérance. Ce jour, anniversaire de la naissance de notre vénérable martyr, M. Jean-Gabriel Perboyre, fut celui où nous eûmes le bonheur de voir entrer dans notre Maison-Mère son précieux corps, apporté de Chine par notre confrère Mgr Danicourt, vicaire apostolique de la province du Kiang-Si. Il serait difficile de rendre l'émotion de tous les cœurs au moment où nous nous vîmes possesseurs d'un si riche trésor. A genoux autour de ce cercueil qui respirait la sainteté, avec quelle affectueuse vénération nous aimions à le couvrir de nos hommages ! Il nous semblait que du haut du ciel il souriait à notre bonheur et répondait à notre accueil si pieusement fraternel. Quelle joie pour tous de voir revenu au milieu de nous, entouré de l'auréole de l'apostolat et du martyre, celui que, vingt-cinq ans auparavant, nous avions vu sortir de cette même Maison-Mère pour se diriger à travers les mers vers des plages lointaines, porter la bonne nouvelle du salut, parcourir une carrière de travaux, de privations et de souffrances pour le nom de Jésus-Christ, et sceller de son sang sa foi et son amour pour les âmes !.... Ancien directeur du séminaire interne, après avoir montré aux générations nouvelles, par ses exemples et ses enseignements, ce que doit être le vrai missionnaire, il revenait leur apprendre comment il doit savoir souffrir et mourir pour la gloire de Dieu et le salut de ses frères.

« Ce fut le 25 janvier, jour mémorable de la fondation de la Compagnie, que S. E. Mgr Morlot, archevêque de Paris, voulut bien désigner pour procéder à la reconnaissance canonique du corps de notre vénérable martyr, selon des instructions *ad hoc* venues de Rome. Il eut la bonté de présider lui-même cette touchante cérémonie.... Après que l'identité du corps eut été canoniquement reconnue, il fut transporté dans notre chapelle et descendu dans un caveau préparé pour le recevoir. C'est là qu'il devra demeurer jusqu'à ce qu'il plaise à la bonté divine de nous permettre de le placer sur les autels, et de lui faire partager les honneurs et la gloire du corps de saint Vincent. »

8. Cette espérance du digne Supérieur général est aujourd'hui réalisée. Mais avant même la mort du vénérable serviteur de Dieu, ayant appris sa captivité et quelques-unes des souffrances qu'il endurait, le pape Grégoire XVI recommanda de recueillir avec soin tout ce qui pourrait servir un jour au procès de sa béatification, témoignant l'intention, si le martyre était consommé, de favoriser l'introduction de la cause dans le plus bref délai. Le Souverain Pontife n'oublia point sa promesse, et deux ans après la mort du serviteur de Dieu, en 1843, les premiers témoignages ayant été recueillis, il signa le décret qui introduisait la cause de béatification. Ce fut là le premier acte officiel du Saint-Siège, et dès lors M. Perboyre put être qualifié de *vénérable*.

Depuis, la distance des lieux, la condition des témoins dont il fallait recevoir les dépositions, la perte de pièces importantes qu'il a fallu reconstituer, bien qu'ensuite elles aient été retrouvées, enfin les formalités multiples qui entourent ces procédures et la sage lenteur que la cour de Rome met toujours en ces sortes d'affaires, avaient suspendu la réalisation d'un vœu si cher aux enfants de saint Vincent de Paul.

Ce ne fut qu'en 1880, que la cause put être reprise. Le 6 juillet 1886, les cardinaux, répondant à une consultation du Souverain Pontife, déclarèrent que le martyre du vénérable serviteur de Dieu Jean-Gabriel Perboyre et les miracles obtenus par son intercession étaient parfaitement constatés. Le pape Léon XIII, de son autorité souveraine, a confirmé cette réponse le 25 novembre 1888. Le 12 mars suivant, la Congrégation des Rites affirmait que l'on pouvait sûrement procéder à la béatification. Enfin, le 9 novembre 1889, parut le bref pontifical confirmant cette décision et fixant au 10 du même mois les fêtes solennelles de la Béatification à Rome.

Ces fêtes furent le prélude et comme le signal de semblables solennités célébrées d'abord à Rome, dans l'église de la Mission de Monte-Citorio, les 15, 16 et 17 novembre 1889, puis à Paris, dans les chapelles des deux maisons-mères des Prêtres de la Mission (3, 4 et 5 décembre 1889), et des Filles de la Charité (22, 23 et 24 janvier 1890). Elles continuent encore à se célébrer dans le monde entier partout où se trouvent les frères et les sœurs de notre bienheureux martyr, enfants comme lui de saint Vincent de Paul.

Puissent ces quelques pages écrites à la louange du bienheureux Jean-Gabriel inspirer à ceux qui les liront un désir ardent d'aimer Jésus-Christ comme l'a aimé ce vaillant athlète! Son exemple nous soutiendra dans l'arène, et si parfois nous étions effrayés des difficultés de la lutte, la beauté de la récompense, dont il jouit maintenant dans le ciel, relèverait notre courage! *Si labor terret merces invitet!* (S. Aug.)

QUELQUES PRIÈRES

EN L'HONNEUR DU BIENHEUREUX JEAN-GABRIEL PERBOYRE

I. — ORAISONS APPROUVÉES POUR LA MESSE DU BIENHEUREUX MARTYR

PAR UN DÉCRET DE LA CONGRÉGATION DES RITES
EN DATE DU 11 SEPTEMBRE 1889

Collecte.

Domine Jesu Christe, qui, beatum Joannem Gabrielem, martyrem tuum, inter Sinarum gentes, vitæ innocentiâ, apostolicis laboribus et præcipuâ tuæ crucis participatione, mirabilem effecisti; tribue quæsumus : ut, ipsius fidei, charitatis ac patientiæ documenta sectantes, ejusdem gloriæ mereamur esse consortes. Qui vivis et regnas cum Deo Patre, in unitate Spiritus Sancti, Deus, per omnia sæcula sæculorum. Amen

Seigneur Jésus-Christ, qui, au milieu des peuples de la Chine, avez rendu le bienheureux Jean-Gabriel, votre martyr, digne de notre admiration par l'innocence de sa vie, les travaux de son apostolat et une participation peu commune à votre croix; faites, nous vous en prions : que, par notre docilité aux leçons de foi, de charité et de patience qu'il nous a données, nous méritions d'être associés à sa gloire. Vous qui, étant Dieu, vivez et régnez avec Dieu le Père, en l'unité du Saint-Esprit, dans tous les siècles des siècles. Ainsi soit-il.

Secrète.

Hæc oblatio, Domine, quæ beatum Joannem Gabrielem, ad subeundum pro fide certamen, præparavit, perpetuam in tuo servitio constantiam conferat ac salutem. Per Dominum nostrum Jesum Christum, Filium tuum, qui tecum vivit et regnat in unitate Spiritus Sancti, Deus, per omnia sæcula sæculorum. Amen.

Seigneur, que cette oblation, par laquelle le bienheureux Jean-Gabriel se prépara à soutenir le combat de la foi, nous obtienne à votre service une fidélité constante et le salut éternel. Par Jésus-Christ Notre-Seigneur, votre Fils, qui, étant Dieu, vit et règne en l'unité du Saint-Esprit, dans tous les siècles des siècles. Ainsi soit-il.

Postcommunion.

Cœlestem nobis, Domine, tribuant percepta sacramenta virtutem, quâ beatus Joannes Gabriel innocenter vivere et martyrii valuit reportare triumphum. Per Dominum nostrum Jesum Christum, Filium tuum, qui tecum vivit et regnat in unitate Spiritus Sancti, Deus, per omnia sæcula sæculorum. Amen.

Que la réception de votre sacrement, Seigneur, nous communique cette vertu céleste qui permit au bienheureux Jean-Gabriel de vivre dans l'innocence et de remporter la palme du martyre. Par Jésus-Christ Notre-Seigneur, votre Fils, qui, étant Dieu, vit et règne en l'unité du Saint-Esprit dans tous les siècles des siècles. Ainsi soit-il.

II. — PRIÈRE INDULGENCIÉE

Angélique martyr de la Chine, bienheureux Jean-Gabriel, du sein de la gloire qui vous environne, daignez abaisser sur la terre un regard compatissant et le diriger ensuite avec supplication vers le Roi des martyrs, dont vous avez si bien retracé la vie, la passion et la mort.

Priez-le de glorifier son Vicaire, de pacifier son Église, de rendre prospère votre Congrégation ; priez-le de donner, à vos chers Chinois, aux infidèles et aux hérétiques, la vraie religion ; aux pécheurs, la conversion ; aux justes, la persévérance.

Venez, oh ! venez à notre secours et protégez-nous. Au milieu d'un monde corrompu, persécuteur et apostat, aidez-nous à vivre purs, patients et toujours fermes dans la foi de l'Église romaine, afin que nous puissions, à votre exemple, être conformes à Jésus-Christ crucifié, et concevoir l'heureuse espérance d'arriver avec vous à l'aimer et à être réunis à lui dans le ciel. Ainsi soit-il.

S. S. Léon XIII, par un rescrit du 31 *octobre* 1889, *a accordé à cette prière une indulgence de deux cents jours, à gagner une fois par jour.*

TABLE DES MATIÈRES

FIN

PARIS

IMPRIMERIE D. DUMOULIN ET Cie

5, rue des Grands-Augustins, 5

www.ingramcontent.com/pod-product-compliance
Ingram Content Group UK Ltd.
Pitfield, Milton Keynes, MK11 3LW, UK
UKHW022032170726
13837UKWH00002B/548

9 782329 559599